복 있는 사람

오직 여호와의 율법을 즐거워하여 그 율법을 주야로 묵상하는 자로다.
저는 시냇가에 심은 나무가 시절을 좇아 과실을 맺으며 그 잎사귀가 마르지 아니함 같으니
그 행사가 다 형통하리로다. (시편 1:2-3)

바쁜 중에 추천사를 쓰기 위해 마지못해 이 책의 원고를 읽다가 그만 어떤 신비한 마력에 홀린 듯 내용에 흠뻑 빠져들어 단숨에 완독해 버렸다. 이렇게 유쾌하게 책을 읽어 본 적이 언제던 가 하는 생각이 들 정도로 오랜만에 독서의 즐거움을 만끽했다. 밋밋하고 딱딱하게 느껴질 수 있는 기독교 교리를 이렇게 쉽고 재미있게 풀어 갈 수 있다는 사실에 또한 탄복하였다. 마이클 리브스는 빛바랜 교리와 전통에 새로운 활력과 생기를 불어넣어 독자들의 마음에 그리스도의 아름다운 형상과 영광이 되살아나게 하는 남다른 은사를 가졌다. 우리 안에 그리스도의 얼굴을 보고자 하는 깊은 갈망을 불러일으킨다. 그리스도를 더욱 알기 원하는 신자라면, 그리스도를 더욱 잘 전하기 원하는 사역자라면 꼭 한번 읽어 봐야 할 책이다. **박영돈** 고려신학대학원 교의학 교수

이 책에서 마이클 리브스는 "하나님의 완전하신 아들 예수 그리스도는 성부의 사랑받는 독생 자요, 천사들의 노래요, 창조의 논리요, 위대한 경건의 신비요, 무한한 생명의 원천이요, 우리 의 위로와 기쁨"이라는 말로 그리스도를 소개하면서 그 의미를 찬찬히 밝히고 있다. 우리 시대 에 이렇게 기독교의 본질적 신앙을 손상하지 않고 그대로 믿는 믿음의 동료를 만나 교제하면 서 성경을 좀 더 깊이 파악할 수 있다는 것은 우리에게 큰 기쁨이다. 이 책을 통해서 그리스도 에 대한 우리의 지식이 더욱 늘어나고 그분에 대한 사랑이 불일 듯 일어나기를 기도하면서 독 자들에게 추천한다. **이승구** 합동신학대학원대학교 조직신학 교수

우리에게 절실하게 필요한 것은 내 주 예수 그리스도를 아는 지식, 곧 그분과의 참된 연합 속 에서 살아가는 삶이다. 이 책은 먼저 어떻게 성경 전체가 그리스도를 아는 지식을 우리 심령에 심어 주고 있는가를 잘 보여준다. 그리고 우리 신앙의 선배, 동료들이 어떻게 이 생생한 지식 을 고백했는지를 소개하면서 우리와 그들이 하나가 되게 한다. 마지막으로 성경과 교회 역사 속에서 나타난 그리스도를 아는 지식으로 우리를 돌아보게 하고 오실 그리스도를 소망하게 한 다. 이 책에서는 이렇게 그리스도를 아는 지식이 쉴 새 없이 교차하면서 한 편의 영화처럼 생 생하게 우리에게로 다가온다. **김재윤** 아세아연합신학대학교 조직신학 교수

우리는 "하나님을 영화롭게 하고 영원토록 그분을 즐거워하도록" 지음받았다. 그렇다면 하나 님을 즐거워한다는 것은 무엇인가? 마이클 리브스는 이 위대한 진리를 이해하기 쉽도록 잘 전 달할 뿐 아니라 그리스도의 온기를 만끽하도록 하는 데 탁월한 솜씨를 가졌다. 그리스도는 구 원의 중보자이실 뿐만 아니라 창조와 완성의 중보자시다. 그리스도는 그저 우리에게 선물을 주시는 분이 아니다. 그분이 바로 선물이시다. 경건 신학의 모범으로 보자면 이 책은 발굴이다. 그리스도를 더 사랑하고 싶은가? 그렇다면 그리스도의 아름다움을 더 잘 볼 수 있어야 한다. 『그리스도, 우리의 생명』은 그리스도의 아름다움을 가장 잘 볼 수 있도록 그리스도의 무대 바 로 앞에 자리를 마련해주는 책이다. **마이클 호튼** 웨스트민스터 신학교 조직신학 교수

마이클 리브스가 예수 그리스도의 사역에 대한 짧지만 근사하고 기품 있는 소개서를 썼다. 리브스는 영원 가운데 계시는 예수, 악을 이기고 승리하신 예수, 영원토록 통치하시는 예수를 놀랍게 조망한다. 또한 신자들에게 우리의 생명은 그리스도로부터 오고 그리스도가 바로 우리의 생명임을 보여준다! 예수에 대한 기독교 교리를 서술하는 이 책은 또한 요소요소에 예수를 묘사하는 귀중한 역사적 예술작품들을 삽입해 지성과 더불어 마음을 고양한다.

마이클 버드 리들리 칼리지 신학부 교수

마이클 리브스는 이 책에서 복음의 핵심이 되는 중심 교리를 명료하고도 생명력 있게 묘사한다. 예수에 대한 지극히 중요한 주제를 번뜩이는 재치로 감칠맛 나게 다루고 있다.

로버트 레탐 연합 신학교 조직신학 교수

『그리스도, 우리의 생명』은 단지 제목만 가지고도 이 책이 우리 주님의 인격과 사역에 대한 향연이 될 것임을 넌지시 비춘다. 요컨대 『그리스도, 우리의 생명』은 그 제목에 부응하는 책이다. 물론 모든 그리스도인이 이 책을 읽지는 않을 것이다. 하지만 이 책을 읽은 그리스도인의 정신이 고무되고 마음이 자극받지 않으리라고 상상하긴 어렵다. 이 책은 상당 기간 동안 당신이 읽은 책 가운데 가장 즐거운 책이 될 것이다. **프레드 재스펠** 미국 펜실베이니아 프랑코나 소재 개혁주의 침례교회 목사

마이클 리브스가 다시 한 번 일을 냈다. 『선하신 하나님』에 이은 또 하나의 풍성하고도 깊으며 명료하고도 즐거운, 가슴 설레게 하는 책이다. 예수를 경탄하고 축하하는 우리에게 예수를 바라보도록 하는 신학은 모름지기 이래야 한다. **앤드류 윌슨** 영국 이스트본 소재 킹스 교회 목사

기독론 서술의 정석을 보여주는 책이다. 성경적이고 신학적이며, 역사적이고 목회적이며, 경건하다! 이 시대 가장 탁월한 신학자들 가운데 한 명이 쓴 가장 탁월한 신학서다.

사이먼 폰손비 영국 옥스퍼드 소재 세인트 알데이트 교회 신학 목사

그리스도에 대해서 지나치게 많이 말할 수 있을까? 마이클 리브스는 단연코 아니라고 한다. 이 책은 모든 기쁨의 원천이신 그분을 즐거워하라고 우리를 부른다. 광대하고 존귀하신 예수를 그리는 이 책에서 왜소한 예수는 찾아볼 수 없다. 이 책을 만끽하라. 그리고 이 책이 가리키는 그리스도를 만끽하라.

조쉬 무디 미국 일리노이 휘튼 소재 칼리지 교회 목사

그리스도, 우리의 생명

Michael Reeves

Christ Our Life

그리스도

우리가   붙잡아야   할

우리의

기독교의   핵심

생명

MICHAEL REEVES   마이클 리브스   복 있는 사람

그리스도, 우리의 생명

2016년 3월 16일 초판 1쇄 발행
2023년 3월 6일 초판 3쇄 발행

지은이 마이클 리브스
옮긴이 장호준
펴낸이 박종현

(주) 복 있는 사람
주소 서울특별시 마포구 연남동 246-21(성미산로23길 26-6)
전화 02-723-7183, 7734(영업·마케팅) 팩스 02-723-7184
이메일 hismessage@naver.com
등록 1998년 1월 19일 제1-2280호

ISBN 978-89-6360-176-2 03230

이 도서의 국립중앙도서관 출판예정도서목록(CIP)은 서지정보유통지원시스템
홈페이지(http://seoji.nl.go.kr)와 국가자료공동목록시스템(http://www.nl.go.kr/kolisnet)에서
이용하실 수 있습니다. (CIP 제어번호: 2016005837)

Christ Our Life
by Michael Reeves

Originally published in English under the title: *Christ Our Life*
Copyright © **2014** by Michael Reeves
Published by Authentic Media Limited, 52 Presley Way, Crownhill, Milton Keynes MK8 0ES
United Kingdom.
All right reserved.

차례

들어가며 | 기독교는 그리스도다

하나님의 완전하신 아들 예수 그리스도는 성부의 사랑받는 독생자
요, 천사들의 노래요, 창조의 논리요, 위대한 경건의 신비요, 무한한
생명의 원천이요, 우리의 위로와 기쁨이시다. 우리는 이런 예수 그리
스도 안에서 만족을 얻고 마음의 안식을 누리도록 지어졌다. 간단히
말해 이 책은 그리스도를 즐거워하고, 우리를 위한 그리스도의 충분
성을 만끽하며, 그리스도께서 지금 하시는 일들을 숙고하는 책이다.
이 책을 통해 어떻게 그리스도께서 놀랍도록 자애로운 하나님을 계
시하시는지, 어떻게 그리스도께서 친히 복음이 되시고 그것을 정의
하시는지, 또 어떻게 그분께서 그리스도인의 삶을 형성하실 뿐 아니
라 **친히** 그 삶이 되시는지 숙고해 보려고 한다.

　　옛날 같으면 이런 내용의 책은 전혀 새삼스러울 것이 없었다. 예
를 들어 청교도들의 저작과 설교들을 보면 『헤아릴 수 없는 그리스
도의 부요함』*The Unsearchable Riches of Christ*, 『그리스도에 관하여』*Christ Set Forth*,
『그리스도의 영광』*The Glory of Christ* 과 같은 제목이 아닌 것들을 찾아보기
어렵다. 그렇다면 오늘날은 어떤가? 어떤 책이 잘 팔리는가? 어떤 책
들이 기독교 서점 주인의 얼굴에 미소를 가져다주는가? 독자 자신에
관한 책들이다. 사람들은 자기 자신에 관한 책을 좋아한다. 물론 자

기 자신에 관한 책을 찾는 행동 자체가 잘못된 것은 아니다. 하지만 우리의 삶을 떠받치는 것은 그런 게 아니다. 사도 바울은 "내게 사는 것은 그리스도니"라고, "또한 모든 것을 해로 여김은 내 주 그리스도 예수를 아는 지식이 가장 고상하기 때문이라. 내가 그를 위하여 모든 것을 잃어버리고 배설물로 여김은 그리스도를 얻고"라고 말한다(빌 1:21, 3:8). 이는 놀라운 고백임에도 너무도 쉽사리 종교적 감정이 과잉된 결과로 치부되곤 한다. 하지만 바울은 미치지 않았다. 그는 가장 깊은 지혜를 있는 그대로 이야기했을 뿐이다. 예수 그리스도께서 생명의 원천과 주인이시기에 그 안에서만 생명을 찾을 수 있다. 그리스도를 바로 안다면 그리스도만큼 매력 있고 즐거워할 만한 존재가 없다는 것도 알게 될 것이다.

그럼에도 이는 우리가 가진 자기중심성을 말하는 것이 아니다. 본성적으로 사람은 예수를 제외한 **모든 것**으로 이끌리는 것처럼 보인다. 기독교인들이라고 해서 그다지 달라 보이지는 않는다. "기독교 세계관", "은혜", "성경", "복음" 등과 같은 것들이 **그 자체로** 우리를 구원하기라도 하는 것처럼 예수와 상관없이 이런 데에 몰두한다. 심지어 "십자가"조차도 우리의 관심을 예수로부터 멀어지게 할 수 있다. 십자가 모양의 나뭇조각에 무슨 능력이라도 있는 것처럼 말이다. 경이로운 일들, 중요한 개념들, 아름다운 발견과 같은 것들조차 너무나 허망하게 **예수**를 가장자리로 밀어낼 수 있다. **예수와 그분의 사역**을 묘사하기 위한 소중한 신학적 개념들이 그 자체로 무슨 가치가 있는 것처럼 취급된다. 예수는 단지 거대한 벽을 이루는 하나의 벽돌

이 되어 버린다. 그러나 기독교 신앙의 중심이자 토대요, 신앙이라는 왕관에 박힌 보석은 어떤 개념이나 체계, 사물이 아니다. 심지어 "복음"도 아니다. 기독교 신앙의 중심은 바로 예수 그리스도다.

예수 그리스도는 여러 메뉴 가운데 우리가 임의로 선택할 수 있는 단순한 화제나 주제가 아니다. 그리스도가 없으면 우리가 가진 복음이나 체계는—아무리 논리정연하고, "은혜롭거나", 혹은 "성경에 기반을 둔 것"이라 할지라도—더 이상 기독교적일 수 없다. 얼마나 기독교적인지는 오직 얼마나 **예수 그리스도**와 관련되어 있는지에 비례한다. 또한 그리스도를 누구로 아는지가 우리가 사용하는 "복음"이라는 말의 의미를 좌우한다. 나는 감히 우리 기독교의 문제와 그릇된 사고의 대부분은 그리스도를 망각하거나 도외시하는 데서 비롯된다고 말한다. 다시 말해, 우리는 명백히 기독교적인 모든 것들을 가지고 있음에도 우리의 삶과 사고는 여전히 그리스도라는 반석에 정초하지 못하고 있다. 이것이 바로 종교개혁의 온갖 논쟁과 불일치의 소용돌이 가운데 있었던 종교개혁자 칼빈^{John Calvin}의 생각이었다.

우리가 이처럼 **여러 가지 다른 교훈에 끌리는**(히 13:9) 이유가 그리스도의 탁월하심을 지각하지 못하기 때문이 아니면 무엇이란 말인가? 그리스도만으로 다른 모든 것들은 자취를 감출 수밖에 없기 때문이다. 사탄이 우리 시야를 흐려 그리스도를 분명히 보지 못하게 하려고 혈안인 것은 그렇게 해야 온갖 종류의 어리석은 교훈으로 사람들을 미혹할 수 있음을 알기 때문이다. 그러므로 그리스도의 탁월하심을 진실로 볼 수 있도록 모든 복으로 충만하신 그리스도로 우리의 시야를 가득 채우는 것이야말로 순전한 교리의 회복은 물론 그것을 보존하는 유일한 길이다.[1]

그러므로 이 책은 무슨 새로운 기술이나 행동을 촉구하기 위한 것이 아니라 그보다 더 깊은 것을 바라보고 있다. 그리스도가 지금보다 더욱 당신의 삶 중심에 자리하고, 그분을 더 잘 알고, 그분을 더 존귀하게 여기고, 그분의 즐거움에 더 깊이 참여하도록 그리스도를 숙고하는 것이다. 기쁘게도 그렇게 함으로, 다시 말해 성자에 대한 성부의 영원한 즐거움에 맞장구를 침으로 우리는 성부께 최고로 영광을 돌린다(요 5:23). 이는 또한 우리가 사랑의 주님의 형상으로 변화하는 비결이기도 하다(고후 3:18). 그리고 이렇게 그리스도를 숙고해 갈수록 어떻게 그분이 우리의 생명, 곧 우리의 의와 거룩과 소망이 되시는지 확연히 깨닫게 될 것이다.

그렇다면 내가 이 책을 통해 하려는 것은 무엇인가? 스코틀랜드의 설교자 로버트 머레이 맥체인 Robert Murray M'Cheyne 이 자신의 친구에게 보낸 권면이 그 대답을 고스란히 담고 있다.

주 예수를 힘써 배우게. 자신을 한 번 주목할 때 그리스도에 대해서는 열 배로 주목하게. 그리스도는 참으로 사랑스러우신 분이라네. 그토록 무한한 위엄 가운데 계시면서도 죄인들을 향해 한없는 은혜와 자비를 베푸시네. 죄인의 괴수에게조차 말일세. 하나님의 미소를 한껏 누리게. 그분의 빛나는 광채에 온 몸을 녹이게. 사랑으로 자네의 모든 것을 주목하여 보시는 온유한 시선을 느끼면서 전능하신 그분의 품에서 쉼을 얻게나.……마음을 황홀하게 하는 감각, 바로 그리스도와 그분 안에 있는 모든 것으로 인한 감미롭고도 탁월한 감각으로 자네 영혼을 가득 채우게.[2]

그렇다! 이것이 바로 우리가 지금부터 하려는 것이다.

1

태초에

무대 뒤에서

영원이란 무엇인가? 영원에는 무엇이 있을까? 수천 년에 걸쳐 인간의 상상력은 흑암을 더듬으며 영원을 들여다보려고 애써 왔다. 그렇게 무지와 흑암 속에서 온갖 끔찍한 신들과 여신들, 악마들과 천사들, 혹은 미지의 공간이나 궁극적인 무와 같은 것들을 생각해 냈다. 영원의 광대함에 압도된 인간은 영원히 있을지도 모르는 존재에 대한 두려움을 가지고 있다. 이런 모든 것의 이면에 하나님이 있다면 그는 어떤 존재일까?

예수다. 기독교는 예수가 바로 그 하나님이라고 대답한다. 하나님은 예수 그리스도와 같다. 사도 요한은 "태초에 말씀이 계시니라. 이 말씀이 하나님과 함께 계셨으니 이 말씀은 곧 하나님이시니라"고 한다(요 1:1). 다른 모든 것이 있기 전에, 그 어떤 것도 존재하기 전에 하나님이 계셨고 또한 하나님이신 그분의 말씀이 계셨다. 이 짧은 문장으로 모든 것이 달라졌다. 왜 그런지 알고 싶은가? 사도 요한이 "말씀"이라고 했을 때 누구를 가리켜 그렇게 말한 것인지 보자.

구약성경을 보면 말씀^{the Word}은 창세기 1장부터 등장한다. 하나님은 말씀으로 천지를 창조하셨다(빛과 어둠, "태초에……"라는 말을 사용하여 요한복음을 기록하면서 사도 요한은 분명 창세기 1장을 염두에 두고 있었다). 하나님은 말씀으로 자기를 나타내신다. 하나님은 선지자들에게도 말씀을 주셨다(사 38:4). 말씀을 보내셔서 치료하고 구원하셨다(시 107:20). 또한 말씀으로 자기 마음을 알리셨다(암 3:1). 하지만 이것이 전부가 아니다. 요한복음을 기록하면서 사도 요한은 구약성경으로부터 또 다른 것을 생각하고 있었다. 바로 성막이다. 여호와 하나님께서 광야의 자기 백성에게 오셔서 그들 가운데 거하시는 처소요 자기의 영광을 보여주시는 자리였던 성막을 생각하고 있었다. "말씀이……우리 가운데 거하시매"라고 하면서(요 1:14), 사도 요한은 다소 생소한 표현 곧 문자적으로 말씀이 "우리 가운데 장막을 쳤다"라고 쓴다.

성막의 가장 깊은 곳에 지성소가 사리한다. 언약궤 위 "그룹 사이에" 여호와께서 좌정하신다(삼상 4:4, 레 16:2). 금으로 도금된 언약궤에는 열 개의 "말씀들" 혹은 계명들, 곧 **하나님의 말씀**인 율법이 기록된 두 개의 돌판을 두었다. 이스라엘 백성들에게 이는 하나님의 말씀이 하나님의 존전—하나님의 보좌!—에 거한다는 진리의 모형이었다.

그렇다면 이 하나님의 말씀은 하나님과 가장 가까이 거하시면서 하나님이 누구신지에 대한 가장 깊은 실체를 펼쳐 보이는 분이시다. 그분은 "하나님이 영광의 광채시요 그 본체의 형상"이시다(히 1:3). 그분 자신이 바로 하나님이시기 때문이다. 그분은 "아멘이시요

"율법은 모세로 말미암아 주어진 것이요 은혜와 진리
는 예수 그리스도로 말미암아 온 것이라"(요 1:17). 참
된 말씀. 참된 만나. 참으로 아론의 싹 난 지팡이이신
그리스도(Speculum Humanae Salvationis, c. 1360).

충성되고 참된 증인이시요 하나님의 창조의 근본"이시다(계 3:14).

이런 사실 때문에 모든 것이 달라진다. 우리는 하나님에 대해 온
갖 망상이나 섬뜩하고 무지한 상상을 하지만, **천국에 예수와 다른 하
나님은 없다.** 예수께서 바로 하나님이시기 때문이다. 예수께서 친히
"나를 본 자는 아버지를 보았다"고 말씀하신다. "나와 아버지는 하나
이니라"(요 14:9, 10:30).

이것이 바로 신약성경 시대 이후 교회가 수 세기에 걸쳐 가장 치
열하게 싸워야 했던 주제였다. 예수께서 진실로 하나님이시라는 믿
음, 그가 다름 아닌 이스라엘의 여호와 하나님이시라는 진리를 견고
히 지켜내기 위함이었다. 니케아 신조^{Nicene Creed}의 놀라운 고백이 담

아내는 것처럼 예수께서는 "하나님에게서 나신 하나님, 빛에서 나신 빛, 참 하나님에게서 나신 참 하나님이자 나셨으나 창조되지 않으신 분, 성부와 동일 본질이신 분"이다. 교회가 이 진리를 그토록 사랑한 것은 전혀 새삼스런 일이 아니다. 이 진리야말로 하나님이 누구시고 모든 실체가 무엇에 관한 것인지에 대한 우리의 생각에 강렬한 햇살을 비추어 주기 때문이다. **천국에 예수와 다른 하나님은 없다.** 니케아 신조가 담아내는 이런 명랑한 생각에 매료된 톰 토렌스^{T. F. Torrence}는 그 것을 다음과 같은 서정적인 글로 풀어낸다.

> 예수 이면에 자리한 다른 하나님은 없다. 예수의 행위가 곧 하나님의 행위다. 예수 안에서 보고 만나는 하나님 외에 다른 하나님은 없다. 예수 그리스도는 하나님의 속내다. 인간을 구속하기 위해 하나님이 쏟아 내시는 사랑과 생명이나. 죄인들을 치료하고 구원하기 위해 하나님이 펼치시는 강한 손과 능력이다. 모든 것이 하나님의 손 안에 있다. 그 하나님의 손은 바로 삶과 죽음 가운데 역사하신 예수의 손이다.[1]

그렇다면 죄인들의 친구인 예수의 이면에 긍휼도 은혜도 없는, 그와는 전혀 다른 고약한 존재가 있을 거라는 꺼림칙하고 흉측한 생각은 버리자. 그런 일은 있을 수 없다! 예수가 말씀이시다. 성부와 하나인 분이시다. 자기 아버지의 영광과 광채와 즐거움이시다. 만약 하나님이 예수와 같은 분이시라면 설사 내가 십자가에서 죽어 가는 강도와 같이 죄악된 존재라 할지라도 용기를 내어 감히 "나를 기억하소서"

라고 부르짖을 수 있다(눅 23:42을 보라). 나는 이런 외침에 하나님이 어떻게 반응하실지 안다. 내가 비록 영적인 문둥병자와 절름발이라 할지라도 그분께 부르짖을 수 있다. 약하고 병든 자를 하나님이 어떻게 대하시는지 알기 때문이다.

예수 안에서 우리는 하나님의 사랑과 권세와 지혜와 정의와 위엄이 진실로 뜻하는 것이 무엇인지를 본다. 이 책을 통해 예수를 주목하여 볼 때 우리는 다름 아닌 하나님을 보고 있는 것이다. 하나님 그분을 묵상하고 있는 것이다. 사실 우리가 하나님을 알고자 이 말씀께로 **가지 않는다면** 하나님을 아무리 존귀하게 여기고 철학적인 모든 추구를 만족시키는 존재로 여긴다 할지라도 그것은 우상숭배와 다르지 않을 것이다.

청교도 설교자 스테판 차녹Stephen Charnock은 언젠가 다음과 같이 썼다.

하나님은 빛들의 아버지시요, 최고의 진리시요, 가장 즐거워할 만한 분이 아닌가.……어둠이 조금도 없는 빛이시고, 무정함이 전혀 없는 사랑이시고, 악이 전혀 없는 선이시고, 불결함이 전혀 없는 순전함이시고, 싫어할 만한 흠이 전혀 없고 오직 즐거워할 만한 것뿐인 가장 탁월한 분이 아닌가? 하나님 앞에서 다른 모든 것들은 찬란히 빛나는 태양의 광채 아래 있는 똥거름보다도 못한 존재, 하나님의 영광에 한없이 미치지 못하는 것들이 아닌가?[2]

차녹은 지금 무한히 사모할 만한 빛에 대해 말하고 있다! 그는 하나님에 대한 생각만으로도 크나큰 기쁨과 환희로 차오르는 사람이었다. 하나님에 대한 그의 탄성은 자신이 탄복해 마지않는 바로 그 태양의 광채와 그 광채에 깃든 위로의 핵심을 전달하고 반사하는 파장과도 같다. 차녹은 어떻게 이토록 하나님의 빛에 심취할 수 있었는가? 어떻게 하나님을 이렇게까지 즐거워할 수 있단 말인가? 차녹은 그리스도로 말미암아 그 안에서 발견되는 살아 계신 하나님을 아는 참된 지식에 대해 무덤덤하게 있으려고 해도 그럴 수가 없었을 것이다. 그리스도 안에서 우리는 슬픈 자들이 기쁨에 겨워 노래하게 하고 죽은 자들이 생명으로 살아나게 할 만큼 아름다운 것들을 보기 때문이다.

> 그리스도 안에서는 하나님의 그 어떤 것도 신자에게 끔찍한 것으로 다가오지 않는다. 태양이 떠올라 슬픔과 어둠이 사라졌고, 하나님은 사랑의 성루를 거니신다. 정의가 구원자의 옆구리를 찔렀다. 율법은 모든 무기를 내려놓은 채 무장 해제되었고, 그의 가슴은 신자를 향한 연민으로 활짝 열려 있다. 그의 심장은 신자를 향해 고동치고, 하나님의 모든 행위는 신자를 향한 감미로운 사랑이 깃들어 있다. 예수 그리스도 안에 있는 하나님의 정의와 긍휼의 영광을 믿는 가운데 하나님을 아는 것이 바로 생명이다.[3]

말씀이신 그리스도 안에서 하나님을 생각함으로 어둠이 빛으로 바

뛴다. 그리스도는 우리에게 최고로 사모할 만한 하나님, 그릇된 모든 것과 대비되는 자애로운 하나님, 우리를 따스한 온기로 감싸 녹이시는 하나님을 보여주신다. 그런 하나님을 보게 될 때라야 비로소 우리는 그분을 진실로 사랑하게 될 것이다. 마르틴 루터^{Martin Luther}는 "성부의 마음을 그대로 보여주는 형상이신 주 예수 그리스도를 통하지 않고서는 성부의 은혜와 사랑을 전혀 알 수 없었을 것이다"라고 했다.[4]

하나님을 생각할 때 불안하거나 따분하게 느끼지 않기 위해서는 그리스도에 대한 이런 지식이 있어야 한다. 날마다 막연하고 불확실한 "하나님"이 아닌 살아 계신 하나님의 모든 완전하심이 그 안에서 아주 밝게 빛나는, 말씀이신 그리스도를 그렇게 알아야 한다. 리처드 십스^{Richard Sibbes}가 하는 말을 들어 보자.

하나님의 자녀들에게 하나님의 능력과 정의가 그토록 감미로운 이유는 무엇인가? 자녀들에게 상을 베푸시고 원수들을 혼비백산하도록 만들기 때문이 아닌가? 또한 하나님의 지혜가 그토록 감미로운 이유는 무엇인가? 하나님의 정의와 긍휼이 그리스도 안에서 놀라운 화해를 이루도록 하기 때문이 아닌가? 이 모든 것을 이토록 사랑스럽게 하는 요인은 하나님께 있는 은혜와 사랑이다.……하나님의 영광은 은혜, 긍휼, 자애로우심과 같은 하나님의 달콤하고 감미로운 성품에서 가장 확연히 드러난다. 이로 인해 하나님께 있는 모든 것이 너무도 사랑스러워진다. 그 안에서는 두려움 없이 하나님의 정의를 생각할 수 있다. 하나님의 정의는 그리스도 안에서 온전히 만족되었다. 우리는 위로를 누리며 하나님의 능력을 생각할 수 있다. 이 능력이 모든 원수를 굴복시킴으로 우리를 위해 선하게 역사하기 때문이다. 하나님의 능력 그 자체로는 이보다 더 두렵고 끔찍한 것이 없다. 하지만 하나님의 능력만큼 하나님의 자녀들을 달콤하고 즐겁게 하는 것도 없다. 하나님이 사랑하시는 자 안에서 우리를 보시기 때문이다.……우리는 하나님을 추상적이고 단순하게 생각해서는 안 된다. 그리스도 안에서 생각해야 한다. 그리스도와 상관없이 하나님을 생각하는 것은 끔찍한 일이다.[5]

그룹 사이에 좌정하신 이시여, 빛을 비추소서

하나님께 이런 말씀이 있다는 사실은 하나님에 대한 놀랍고도 즐거운 무언가를 말해 준다. 하나님이 **어쩌다가** 말씀을 하게 되었다는 말이 아니다(고대의 이느 신이라도 그렇게 할 수 있다). 그렇지 않다. 말씀Word으로 말씀하게 하시는 것은 **바로 이런 하나님만의 본성**이다. 하나님께는 말씀이 없을Word-less 수 없다. 그 말씀이 곧 하나님이시기 때문이다. 그렇다면 이 하나님은 그 무엇보다 소통하시는 분, 광대하신 분, 외향적인 분이시다. 하나님은 이 말씀이 없이 존재하시지 않기 때문에 결코 자기 안에 갇혀 있는 자일 수 없다. 이 말씀은 영원토록 우리에게 가두거나 제한할 수 없는 충만하시고 부요하신 하나님이 들리도록 말한다. 그 하나님은 항상 넘쳐나고 또 흘러넘치시는 하나님, 은혜로운 영광의 하나님이시다.

"그런데 잠깐!" 비판적인 사람들이 이렇게 외친다(유감스럽게도 어디든 꼭 이런 사람들이 있다).[6] "그것이 새로울 게 뭐가 있는가? 알라도 쿠란Qur'an을 자기 말로 가지고 있지 않은가?" 오, 이런! 알라의 쿠란과 하나님의 말씀은 차원이 다르다! 알라는 말 그대로 쿠란이라는 **책**을 가지고 있다. 알라는 쿠란이 없어도 상관없다. 알라가 예수의 하나님과 마찬가지로 풍성한 본성을 가지고 있다는 의미가 아니다. 쿠란은 알라가 우리에게 원하는 것이 **무엇**인지 말해 주는데, 이는 곧 알라 자신과 그가 주장하고자 하는 자신의 성격에 **대해** 말해 주는 것이다. 하지만 이는 우리가 예수를 하나님의 아들이라고 할 때 의미하는 것과는 전혀 상관이 없다. 쿠란은 **하나님에 대해** 말하지만 우리는 **예수가 하나님**이라고 고백한다. 예수는 우리를 위해 단지 몇 가지 진리, 다른 몇 가지 원리나 사고 체계를 알려 주는 분이 아니다. 빛이 그 원천에서 나오는 것처럼, 이 말씀은 실제로 하나님을 우리에게로 이끄신다. 예수 안에서 하나님과의 직접적인 조우가 일어난다. 너무나 확연한 차이다. 하나님이신 이 말씀이 은혜를 고유한 본성으로 하는 하나님을 계시하신다. 이 말씀은 우리가 하나님에 대해 알도록 하나님에 **대한** 정보 몇 가지를 전달해 주고 마는 분이 아니다. 말씀이신 그분 안에서 하나님은 기꺼이 우리를 만나시고 우리와 함께 거하신다.

"이는 내 아들이요!"

예수는 하나님의 영원한 말씀이실 뿐 아니라 하나님의 영원한 아들이시다. 이 둘 간의 차이가 뭘 뜻하는지 이미 눈치챘을 것이다. "말씀"

은 그리스도가 하나님과 **하나되심**^{oneness}에 더 주안점을 두는, 다시 말해 **그분이 하나님**이라는 타이틀인 반면에 "아들"은 이와는 다른 감미로운 진리, 곧 그분께서 하나님과 실제로 누리시는 **관계**를 말해 준다.

사실 "관계"라는 말은 이를 조금 완화시킨 표현이다. 성부는 성자를 향해 눈부시도록 강렬한 자신만의 고유한 사랑을 나타내셨다. 세상에 기초가 놓이기 전부터 그렇게 하셨다(요 17:24). 그리고 지금은 그 사랑을 온 세상에 알리기를 기뻐하신다. "이는 내 사랑하는 아들이요 내 기뻐하는 자라"(마 3:17). 아들은 "그가 사랑하시는 자"(엡 1:6), "내 마음에 기뻐하는 자 곧 내가 택한 사람"이요(사 42:1), 성부께서 영화롭게 하기를 열망하는 이시다. 이처럼 성자는 하나님의 알파와 오메가로, 하나님은 성자로 인하여 모든 일을 하신다. 모든 만물이 만유의 후사인 그를 위하여 지어졌다(골 1:16).

아들들은 종종 "지기 아비지를 쏙 빼닮았다"는 말을 듣는다. 셋이 아담의 모양과 형상을 따라 난 것처럼(창 5:3), 성경은 특별히 친자가 자기 아버지의 모양과 형상을 닮는 것을 당연한 일로 여긴다. 예수께서는 당대의 유대인들에게 "너희가 아브라함의 자손이면 아브라함이 행한 일들을 할 것이거늘"이라고 하셨다(요 8:39). 또한 화평케 하는 자는 "하나님의 아들"이라 일컬음을 받을 것이라고 하셨다. 화평케 하시는 하나님처럼 저희도 화평케 하는 자로 살아가기 때문이다(마 5:9, 또한 눅 6:35-36을 보라). 그러나 무엇보다 예수는 하나님의 아들이시다. 한 치의 어긋남도 없이 자신의 아버지와 **똑같은** 분이시다.

호! 호! 호모우시오스!(Homoousios)

사슴들이 끄는 산타의 썰매와 선물 보따리에 대한 감상적인 이야기들이 있기 전, 성 니콜라스St. Nicholas, Nicholas of Myra에 대한 이야기들은 이와는 많이 달랐다. 그리스도인 어머니들이 어린 자녀들을 달래기 위해 즐겨 들려주었던 이야기의 주인공은, 남산만한 배를 출렁이며 다니는 산타가 아니라 니케아 공의회에서 이단의 괴수인 아리우스를 논박하느라 흥분해 얼굴이 발갛게 상기되어 있는 덕망 있는 감독이었다.

수년 동안 아리우스는 성자는 영원하지 않을 뿐더러 하나님 자신도 아니었고, 오히려 가서 우주를 조성하도록 하기 위해 하나님이 지은 피조물이라고 설파하고 다녔다. 새로 기독교로 개종한 로마 황제 콘스탄틴은 아리우스의 가르침이 제국 교회에 초래할 분열을 우려했고, 결국 AD 325년 감독들의 회의를 소집하여 이 문제를 논의하도록 했다. 미라의 니콜라스는 바로 이 회의를 통해 아리우스의 주장을 직접 들었다. 니콜라스는 아리우스가 신성모독적인 주장을 하는 것을 듣고는 분기탱천하여 자리를 박차고 나갔다.

공정하게 말하자면, 아리우스와 그의 추종자들 역시 성경을 따라 자신들의 주장을 전개하려고 했다. 일례로 그들은 자신들의 주장을 위해 여호와께서 "너는 내 아들이라. **오늘** 내가 너를 낳았도다"라고 하시는 시편 2편을 인용한 히브리서 1:5를 근거로 이렇게 물었다.[8] "하나님이 그의 아버지가 된 오늘 **이전**에는 어땠을까? 그때는 아직 아들일 수 없다." 그럴듯하게 들리지 않는가? 물론 이는 문맥과 상관없이 자신들의 주장을 위해 멋대로 성경을 갖다 붙인 것에 불과하다. 사도행전 13:32-34에서 바울은 바로 이 구절을 예수의 부활을 가리키는 말씀으로 인용한다(그리고 다른 곳에서는 예수께서 "죽은 자들 가운데서 **부활하사** 능력으로 하나님의 아들로 선포되셨다"고 하면서 이 생각을 뒷받침한다. 로마서 1:4을 보라). 그런데 만약 히브리서 1:5이 예수께서 하나님의 아들이 아니었던 때가 있었다는 것을 의미한다면 사도행전 13:33이 부활 이전을 그런 때로 말하는 것으로 이해해야 한다. 그 이전에는 예수께서 하나님의 아들이 아니었다는 것이다. 하지만 부활 이전에도 예수께서는 하나님의 아들이었다는 것만큼 분명한 사실도 드물다. 하나님은 할 수 있는 한 가장 공개적인 방식으로 이 사실을 밝히 드러내셨다. 세례와 변화산 사건을 통해 예수를 자신의 사랑하는 아들이라 부르신 것이다. 마리아에게서 나기 전부터 예수께서는 하나님의 사랑하는 아들이었다. 그렇지 않고서야 어떻게 "하나님이 그 아들을 세상에 보내신 것"이 되겠는가?(갈 4:4, 롬 8:3, 요 3:17) 그러므로 우리가 나중에 보듯 하나님이 자기 아들에게 "오늘 내가 너의 아버지가 되고"라고 말씀하신 것은 그리스도인을 골치 아프게 하기 위함이 아니라, 오히려 가장 깜짝 놀랄 기쁨을 가져다주기 위함이다.

그렇다면 성 니콜라스와 같이 아리우스를 반대하는 사람들이 아리우스의 가르침에 그토록 분노했던 이유는 무엇인가? 기독교는 다름 아닌 성마르고 괴팍하고 아량이 없는 고집쟁이들의 역사라고 목에 핏대를 세우는 자들의 주장처럼, 아리우스의 반대자들이 편협한 마음을 가진 바보들이었기 때문이 아니다. 아리우스가 은혜의 복음과 사랑의 하나님을 참된 자애로움이라고는 전혀 없는 무정한 우상으로 전락시키는 것을 제대로 간파했기 때문이다.

아리우스에 따르면 하나님은 자기를 대신해 우주를 다루는 어려운 일을 맡기기 위해 성자를 창조했다. 백번 양보해서 그런 주장을 인정해 준다 하더라도 여기에는 심각한 문제가 도사리고 있다. 아리우스의 주장대로라면 성부는 성자를 진실로 **사랑하지 않고** 성자 역시 그저 고용된 일꾼에 불과하다. 그렇다면 성경에서 성자로 인한 성부의 기쁨을 말하는 대목은 기껏해야 성자가 일을 잘해서 받는 공치사에 불과하다. 이는 단지 고용주인 하나님과 어떻게 친하게 지내는지에 대한 내용이 될 것이다. 하지만 이런 고용주로서의 하나님은 참된 관계와 진정한 자애로움을 베푸는 아버지로서의 하나님은 아니다.

사실, 아리우스의 이해는 보다 우려를 자아내는 의미를 내포하고 있었다. 만약 하나님이 본유적으로 그리고 영원토록 사랑하는 분이 아니라면 우리를 자기 형상을 따라 지을 이유가 어디 있단 말인가? 하나님은 우리에 대한 사랑은커녕 자기 아들에 대한 사랑조차 없는 존재가 된다. 아마 우리는 기껏해야 바른 일을 하고 바른 결정을 내리기만 하면 아무 문제가 없는 존재가 되었을 것이다. 사실 우리는 많은 도움 없이도 그런 일을 잘할 수 있다. 아리우스의 하나님을 따르면 거듭나거나 새로운 마음을 가질 필요가 없는 것처럼 보인다.

그래서 니케아에 모인 교회들은 긴 논의 끝에 성자는 "성부와 동일 본질"*homoousios*이라는 고백의 일치를 보았다. 하나님이 성자를 무슨 고용된 도우미로 부리는 것도 아니고, 성자 역시 하늘의 영광을 벌기 위해 하나님을 이용하는 것이 아니다. 성자는 **항상** 성부 곁에 있어 왔다. 영원히 성부의 사랑받는 이인 성자는 가장 사랑이 많으신 아버지가 천국에 있다는 사실을 드러내 주고, 우리와 더불어 자신이 가진 것(하나님과의 사업상 이해관계 이상의 것), 곧 자녀됨을 나눈다.

성자 예수는 성부의 형상이요, 후사요, 사랑받는 분이시다. 4세기 신학자 아타나시우스가 말한 것처럼 "성자는 성부의 **전부다**."[7]

성자가 누구인지에 따라 복음이 달라진다

심지어 기독교인들조차 이런 예수를 간과하기 일쑤다. 하나님, 생명, 은혜, 실체 등에 대해서는 무의식적으로 자연스럽게 생각하지만, 이런 것들이 예수로 말미암아 새로이 빚어지는 일은 거의 생각하지 못한다. 심지어 "기독교 세계관"을 가질 수도 있고 예수를 단지 그 풍경에 자리한 하나의 흥미로운 특징 정도로 발견할 수도 있다. "복음"을 가질 수도 있고, 그 안에서 예수를 구원이든 천국이든 혹은 다른 무엇이든 **정말** 좋은 것들을 가져다주는 배달부로 발견할 수도 있다. 그러나 예수가 하나님의 사랑받는 아들이라는 사실을 진지하게 고민한다면 이런 생각들은 바뀌어야 한다.

먼저, 성부께 예수보다 더 소중한 것이 없다면, 우리에게 예수보다 더 고상한 복도 없고 예수보다 더 좋은 것도 없다. 어느 모로 보나 예수 자신은 **틀림없이** 복음의 "지극히 큰 상급"이시다(창 15:1). 성부께서 자신의 보물인 성자를 우리와 함께 나누신다. 때로 우리는 예수에 대해 따분해 하는 자신을 발견한다. 어리석게도 이미 예수 안에서 볼 것을 다 보았고, 예수 안에서 누릴 것을 다 누린 것처럼 생각할 때가 많다. 영적인 권태다. 그러나 예수께서는 무한하신 하나님의 생각과 마음을 영원토록 만족케 하는 이시다. 우리가 느끼는 따분함은 단지 무지함에 불과하다. 성부께서 무한하고 영원토록 만족해하시는 존재라면 우리에게는 지극히 차고 넘치는 분일 수밖에 없다. 모든 상황 속에서, 영원토록 말이다.

둘째, 성자의 아들됨—성자가 누리는 성부와의 관계—은 그분께서 우리와 함께 나누시는 복음과 구원이다. 이것이 바로 **그분의** 기쁨이다. 성부께서 우리와 자기 아들을 나누시는 것처럼, 성자께서는 자신이 누리는 성부와의 관계를 나누신다. 이것이 마태복음 11장에서 예수께서 **먼저** "내 아버지께서 모든 것을 내게 주셨으니 아버지 외에는 아들을 아는 자가 없고 아들과 또 아들의 소원대로 계시를 받는 자 외에는 아버지를 아는 자가 없느니라"고 하신 **뒤에** "수고하고 무거운 짐 진 자들아, 다 내게로 오라. 내가 너희를 쉬게 하리라. 나는 마음이 온유하고 겸손하니 나의 멍에를 메고 내게 배우라. 그리하면 너희 마음이 쉼을 얻으리니, 이는 내 멍에는 쉽고 내 짐은 가벼움이라" 하고 말씀하신 이유다(마 11:27-30). 성자께서 성부와 누리시는 관계가 그분께서 주시는 안식과 멍에를 형성하기 때문이다. 사실, 성자께서 성부와 누리시는 관계가 바로 그분께서 주시는 안식과 멍에와 짐이다. 성부를 아는 것이요, 성부 앞에서 겸손하고 성자와 같이 온유하게 되는 것이다. 이것만이 우리 모두가 구하는 안식이요, 지기 쉽고 가벼운 유일한 멍에와 짐이다. 새뮤얼 러더퍼드^{Samuel Rutherford}가 말한 것처럼, 이 멍에를 받아 진 자들만이 "그것이 새의 날개와 같고 배의 닻과 같은 짐이라는 것을 알게" 될 것이다.[9]

삼위일체인가 예수인가?

"삼위일체는 모든 기독교 신앙의 중심축"이라고 하는 사람들이 있다.[10] 그런가 하면 어떤 사람들은 "기독교의 중심, 모퉁잇돌, 왕관에 박힌 보석은……**예수 그리스도**"라고 말한다.[11] 작가마다 강조점이 달라서 그런 것인가? 변덕스런 기독교인들이라 그런가?

그렇지 않다. 여기에는 어떤 모순이나 혼란도 없다. 예수께 영광을 돌리는 것이 곧 삼위일체 하나님을 영화롭게 하는 것이기 때문이다. 우리는 예수를 하나님의 **아들**이요 성부를 알리는 말씀이라 말해야 한다. 그리스도(기름부음을 받은 자)요 **성령**으로 기름부음받은 자로 말해야 한다. 다시 말해, 삼위일체를 말하지 않고는 예수를 말할 수 없다. 예수께서는 다름 아닌 삼위일체 하나님을 알게 하는 분이시기 때문이다. 그렇다면 삼위일체는 예수께 복잡하게 덧댄 어떤 것도, 단순히 그를 신뢰하는 것 이상으로 나아갈 준비가 된 사람들을 위한 고차원적인 문제도 아니다. 삼위일체에 대한 생각이 더해 갈수록 우리는 예수를 더욱 잘 알게 될 수밖에 없다.

다른 한편으로는, 삼위일체에 대해 말하려고 한다면 성령의 능력 안에서 성자 예수 그리스도로 말미암아 자신을 나타내시는 성부를 말하지 않을 수 없다. "삼위일체"를 말하면서 예수를 빼놓거나 배제하는 것은 다름 아닌 철학적 파티 놀음에 불과하다. 성부와 성자와 성령을 거대한 콩가북conga에 비유하면서 관계와 사랑에 대한 온갖 흥분된 이야기들로 삼위일체를 말하며 노닥거리는 파티 말이다. 하지만 예수와 분리된 그런 이야기들은 저마다의 취향에 따라 흔들어대는 현란한 부기 댄스(춤을 안 추고 가만히 앉아 있고자 하는 사람들에게 하나님에 대한 두려움을 심어 주기에 충분한 것들)에 불과하다. 그래서는 안 된다. 예수께서는 삼위일체 하나님을 알게 하시고 하나님의 사랑과 생명을 보여주신다. 진정한 삼위일체 신앙을 위해서 그리스도는 끊임없이 중심에 자리해야 한다.

천상의 장미 The Heavenly Rose, 1892.
『신곡』마지막에 나오는 단테의 이상,
곧 하나님의 사랑이 빛의 꽃으로 만개
한 것으로 묘사한 내용을 구스타프 도
레가 그린 것이다.

해를 움직이는 사랑[12]

영원 전에, 충만한 생명의 하나님을 말하는 하나님의 말씀이 발했다.
끝없는 사랑의 하나님을 말하는 성자가 영원토록 하나님의 사랑을
받았다. 우리가 예수 안에서 만나는 하나님이 바로 이런 분이라는 사
실을 생각한다면, 이런 하나님이 천지를 창조하고 자신의 생명과 사
랑을 펼쳐 보이기로 하신 것은 전혀 놀라운 일이 아니다. 18세기 설
교자 조나단 에드워즈Jonathan Edwards는 이런 사실을 다음과 같이 인상적
으로 서술한다.

  천지창조의 목적은 특별히 영원한 하나님의 아들이 자기 본성의 무한
  한 은택을 충만하게 발휘하고 자기 마음에 있는 은혜와 사랑과 겸손의

모든 무한한 원천을 열어 그것을 넘치도록 부어 줄 대상인 신부를 얻으며 또 그런 방식으로 하나님이 영광을 받으시기 위한 것으로 보인다.[13]

그렇게 성자는 발출하는 하나님의 말씀, 성부의 사랑을 넘치도록 충만하게 받는 아들로서 창조 이면의 논리이자 "시작"이요, 만물의 근본과 목적이 되셨다(골 1:17-18). 그리고 수면 위를 운행하시는 성령의 능력으로 말씀이 발했다. 하나님이 말씀하셨고, 이 능력의 말씀으로 만물이 생겨났다. 성부께서 성자에 대해 말씀하신 바와 같다. "또 주여, 태초에 주께서 땅의 기초를 두셨으며 하늘도 주의 손으로 지으신 바라"(히 1:10, 시 102:25). 실제로 성자가 모든 피조물보다 먼저 나신 자가 된 것이다(골 1:15).

슬프게도, 많은 그리스도인들이 숨겨진 바이러스를 가진 채로 복음을 이해한다. 이 바이러스는 쉽게 드러나진 않으면서 그리스도에 대한 모든 확신을 갉아먹는 역할을 한다. 그것은 바로 예수는 구원자가 맞지만 실제로 만물의 창조자는 아닐 것이라고 하는 은밀한 의구심이다. 그래서 주일 예배 시간에는 그분의 사랑을 노래하지만(그것도 진실하게) 예배를 마치고 사람들이 다니는 거리를 지나 집으로 가는 길이나 "실제 삶"의 현장은 **그리스도**의 세상이라고 느끼지 않는다. 마치 우주는 중립적인 곳이고 기독교는 실제 삶의 현장 위에 바르는 어떤 것이라도 되는 양 생각한다. 이를 통해 예수는 불안할 때마다 조금씩 깨물어먹는 신성한 초콜릿, 혹은 "영혼들을 구원"하기는 하지만 거기까지가 전부인 상상 속의 친구로 전락하고 만다.

성경이 말하는 그리스도는 그처럼 무의미하고 우스꽝스러우며 왜소한 그리스도와는 전혀 상관이 없다. "만물이 그로 말미암아 지은 바 되었으니 지은 것이 하나도 그가 없이는 된 것이 없느니라"(요 1:3). 천지를 지으시고 만물보다 먼저 계시며 만물 위에 계시는 그리스도께서 하시는 일이 단지 "영혼 구원"이라고 생각하는 것 자체가 우스운 일이다. 우주의 주재이신 하나님께는 우주적인 목적이 있다. 악을 영원토록 도말하시고 온 세상을 새롭게 하시는 것이다.

"만물이" 예수 그리스도로 "말미암고"(고전 8:6), 예수 그리스도는 계속해서 자신이 지은 피조물을 붙들고 보존하시는 하나님의 창조의 대리자시기 때문에, 우리 주변에 그분의 아름다운 솜씨가 배어 있지 않은 곳이 없다. 아주 작은 성게로부터 밤하늘에 밝게 빛나는 별에 이르기까지 천지 만물에 그분의 웅장한 인장이 박혀 있다. 하늘은 그분의 영광을 선포하지 않을 수 없다. 그분의 솜씨로 지어졌고 계속해서 그분의 붙드심을 통해 운행되기 때문이다. 우주의 입자 하나하나에 그분의 성품이 촘촘히 새겨져 있기 때문에 로고스인 그리스도를 거슬러 생각하는 것은 곧 논리를 거스르고 어리석은 수렁으로 빠져드는 것이나 마찬가지다(시 14:1). 그리스도께서 지으신 세상에서는 그분을 믿는 믿음에 더 견고히 머물수록 우리의 모든 신체 능력이 제 기능을 발휘한다. 그렇게 할 때 우리는 낮잠을 자고 일어나 일할 때처럼 더욱 논리적이고 생명력 있는, 더욱 상상력이 넘치고 창조적인 사람이 된다.

조나단 에드워즈는 이를 매우 진지하게 받아들였다. 하나님은

"하나님의 은혜가 아니라면 나도 마찬가지였을 것이다"

영국의 종교개혁자인 존 브래드포드John Bradford가 형장으로 끌려가는 다른 죄수들을 보고 한 말이다. 그는 하나님 앞에서 자신의 죄가 죽음에 해당한다는 것을 알았다. 브래드포드는 생애 마지막에 무고하게 사형을 당하고 만다. 그는 1555년, "피의" 여왕 메리가 복음주의자들을 박해하던 시기에 스미스필드에서 화형에 처해졌다. 화형주에 묶인 채 그는 곁에서 함께 순교의 길을 가는 존 리프John Leaf를 보며 이렇게 말했다. "편하게 있게나, 형제여. 오늘 저녁에 우리 주님과 함께하는 즐거운 만찬 자리가 있을 걸세."

대부분의 그리스도인들은 식사 자리를 빌어 양식을 비롯한 모든 필요를 채우시는 하나님께 감사를 드린다. 그러나 브래드포드는 하루의 매 순간을 통해 복음을 떠올렸다. 이른 아침에 길을 걸을 때면 "긴 어둠의 때를 지나 맞이하게 될……아침과 같이, 가장 찬연히 빛날……영원한 부활의 큰 기쁨과 복을 떠올렸다." 해를 볼 때면 세상의 빛 되신 주님을 찬양했다. 일어날 때면 어떻게 그리스도께서 우리를 다시 일으키실지 생각했다. 옷을 갈아입을 때면 "오 그리스도시여, 제가 주님으로 옷 입게 해 주십시오"라고 기도했고, "우리가 어떻게 그리스도의 지체가 되고……그리스도께서 어떻게 우리를 입히시는지"를 기억했다. 식사를 할 때면 이를 그리스도의 몸을 먹는 것에 비교했다. 일을 마치고 집으로 돌아올 때면 "가장 평안하고도 행복한 우리의 영원한 집을 향해 기쁨으로 돌아가는" 것을 떠올렸다. 밤에 옷을 갈아입고 잠자리에 들 때면 "옛 사람을 그 정욕과 벗어버리고" 죽음의 자리에 들 준비에 대해 생각했다.[18]

브래드포드에게 그랬던 것처럼, 지금 우리가 사는 세상 역시 그리스도의 세상이다. 일상에서 이 사실을 끊임없이 인정함으로써 우리는 이 세상을 가장 행복하게 살아간다.

자기를 나타내기 위해 세상을 창조하셨기 때문에 우주는 "언어가 단어들로 이루어진 것처럼 하나님께 속한 것들의 형상으로 가득 차 있다"고 믿었다.[14] 거미와 누에로부터 무지개와 장미에 이르기까지 만물의 가장 미미한 것들조차 모두 하나님과 그의 뜻에 대한 지식을 쏟아 내고 있다. 예를 들어, "해가 뜨고 지는 것은" 세상의 참 빛이신 "그리스도의 죽음과 부활의 모형이다."[15] "우유는 그 하얀 빛깔을 통해 하나님 말씀의 순전함을 나타내는데, 달콤하면서도 영양분을 공급하는 우유의 본질이 하나님의 자녀로 살아가는 성도들을 위한 하나님의 말씀과 꼭 맞아 떨어진다."[16]

종교개혁자 마르틴 루터는 창세기 2:1에서 천지가 "만물"(또는 군대)로 가득 찼다고 말하는 것은 "우리가 끊임없이 마귀를 대적해서 싸우는 활발한 군대의 역할을 하도록 하나님이 우리를 위해 이런 피조물들을 지으셨기 때문"이라고 했다.[17] 다시 말해 만물은 고발자의 거짓말을 패퇴시키는 진리를 반영한다. 우리는 아침마다 너끈히 어둠을 몰아내는 태양을 통해 그리스도의 은혜와 아름다움과 승리를 반추할 수 있다. 물을 마시면서 어떻게 그리스도께서 목마른 자를 소성케 하시는지 느낀다. 또한 우리가 얼마나 자유롭게 공기를 들이마시는지를 통해 그리스도의 너그러우심을 경험한다.

태곳적 노래의 반향

빅토리아 시대에 기독교는 다른 종교에 있는 것들을 도용하고 개작해 자신들의 대표적 신앙개념으로 삼은 이교주의의 재활용에 불과하다는 주장이 있었다. 피 냄새를 맡은 승냥이들처럼 흥분한 인류학자들은 이런 주장에 득달같이 달려들어 옹호하는 글들을 써댔다. 고대 이집트, 그리스, 로마 사람들은 동정녀 탄생과 신들이 죽고 다시살아나는 이야기에 대해 알고 있었다. 신부를 구하기 위해 지옥으로 내려간 오르페우스, 여인으로부터 출생하고 포도주를 통해 영광을 얻은 신 바쿠스, "부활한" 신 오시리스. 어디서 많이 들어본 말들이 아닌가? 예수께 일어난 일들과 너무 유사하지 않은가?

C. S. 루이스^{Lewis}는 이런 신화들을 무척 좋아했다. 어렸을 때 그는 비극적인 죽음을 당한 고대 스칸디나비아의 빛과 기쁨의 신 발데르의 이야기에 푹 빠져 지냈다. 기독교로 회심한 후, 루이스는 기독교 신앙의 내용과 이런 신화들 사이의 유사성은 전혀 문제가 되지 않는다는 것을 알게 되었다. 이 세상은 그리스도의 세상이기 때문에 **당연히** 우리가 말하는 이야기들과 지어낸 꿈들은 그리스도에 대한 반향이다. 궁극적 실체를 규정하는 이는 그리스도인 데 반해 우리에게는 그것에 대비되는 실체를 만들어 낼 능력이 없다. 전혀 다른 세상들을 상상할 수는 있지만 그렇다고 그런 세상들이 전혀 새로운 것으로 드러나지는 않을 것이다. 그런 세상들이 실제처럼 보이기 위해서는 반드시 어떤 실체에 참여해야 하고, 그 실체를 정의하는 자는 바로 창조자 그리스도다. 우리의 이야기들이 뱀과 같은 악인이나 비극, 고통받는 소녀와 더불어 어둠과 싸우고 전투에서 상처를 입으면서도 마침내 승리하여 소녀를 구출하고 영원토록 행복하게 사는 용

아름다움의 신 발데르

감한 젊은 영웅으로 가득한 것도 바로 이런 이유에서다. 이것이 다름 아닌 그리스도의 이야기이기 때문이다.[19]

　　루이스는 호메로스를 읽으면서 희생제물의 피를 마셔야만 영혼이 이성적인 존재로 회복될 수 있다고 하는 생각을 **"이교도들이 가졌던 진리에 대한 많은 기대들** 가운데서도 가장 놀라운 것들 중 하나"로 보았다. 그러면서 그는 플라톤이 쓴 『국가』의 한 구절에 기대며 말한다.

　　플라톤은 주변의 모든 사람들로부터 악한 괴물 취급을 당하는 완전히 의로운 사람을 생각해 보라고 요청한다. 사지가 묶인 채 채찍질 당하고, 결국 말뚝으로 찌르는 형벌(십자가 형벌에 해당하는 페르시아의 형벌)을 당하면서도 여전히 완전한 자로 남아 있는 한 사람을 그려 볼 수밖에

태초에

없다. 이 대목에서 그리스도인 독자는 자기 눈을 의심하지 않을 수 없다. 지금 이게 무슨 말인가? 또 다른 우연의 일치란 말인가? 그러나 지금 그는 여기에는 결코 우연이라 부를 수 없는 어떤 것이 있음을 본다.[20]

전혀 우연이 아니다. 예수가 태어나기 수십 년 전에 쓰인 베르길리우스의 『네 번째 목가』는 하늘로부터 와서 새로운 황금시대로 안내할 한 아이의 출생에 대해 신비롭게 말하고 있다. 루이스는 크리스마스에 정기적으로 이 대목을 읽었다. 신화는 즐겁게 읽을 수 있다. 두려움의 대상이 아니다. 기독교가 단지 인간의 꿈 가운데 하나에 불과한 것인 양, 기독교와 신화가 함께 **그들보다 더 오래된** 무언가를 제시하고 있는 것이 아니다. 빅토리아 시대의 인류학자들은 실제로 기독교와 신화가 같은 것처럼 주장했다. 죽었다가 다시 사는 모든 신에 대한 이야기는 **실제로** 겨울이라고 하는 죽음을 지나 봄의 새 생명으로 나아가는 것과 같은 계절의 변화를 가리킨다는 식이다. 그러나 오히려 사망에서 생명으로 흐르는 계절의 변화가 보다 궁극적이고 근본적인 무엇을 가리킨다고 보는 것이 옳을 것이다. 사망을 이기신 저들의 창조자 말이다. G. K. 체스터턴Chesterton이 아름답게 표현해 놓은 것처럼 기독교는,

하나의 이야기로서 인간에게 있는 로맨스를 향한 신화적 추구에 부합하는 동시에 하나의 참된 이야기로서 진리를 향한 철학적 추구에도 부합한다. 이것이 바로 어느 누구도 아도니스나 팬이 실제 역사적 인물

로 존재해야 할 필요를 느끼지 않았을 때, 이상적인 인물이 실제 역사 가운데 있었어야 했던 이유다. 이는 또한 왜 역사상의 인물이 이상적인 존재이어야 하는지를 말해 준다. 그 이상적인 인물은 심지어 다른 이상적인 인물들에게 주어진 많은 역할들을 성취하기까지 해야 했다. 그리스도가 희생 제물이면서 동시에 성찬인 것도, 또한 그가 자라는 포도나무나 떠오르는 태양을 따라 만든 문장紋章 안에서 발견되는 것도 이 때문이다.[21]

아브라함과 이삭과 야곱의 하나님

창세기 1장을 보면, 창조의 마지막 날인 여섯째 날에 하나님은 창조를 위해 마지막으로 말씀하셨다. "하나님이 이르시되 우리의 형상을 따라……우리가 사람을 만들고"(창 1:26). 그런데 그 다음에는 어떻게 되는가? 이 말씀은 어떻게 역사했는가? 물론 이 말씀은 우주를 붙들었다. 하지만 그분께서 **우주 자체를 위해** 우주를 붙드신 것은 아니었다. 그분께서 베들레헴의 구유에 누이시기까지는 오랜 시간이 흘렀다. 하지만 그때까지 하나님의 말씀이신 그분이 아무 일도 하시지 않고 가만히 있을 수는 없었다. 하나님은 그분을 통해 자신이 지으신 사람들에게 말씀하셨다. 성부께서는 그분 없이 일하시지 않았고, 또한 자기 백성과 함께 있기를 심히 바라시는 것처럼 보였다.

요한은 자신의 복음서를 시작하면서 말씀을 소개한 직후 "본래 하나님을 본 사람이 없으되"라고 썼다(요 1:18). 요한이 만약 그렇

그리스도를 영광 가운데 계신 주로 그린 에스겔 1장을 표현한, 취리히 성경에 수록된 목판화.

게만 쓰고 말았다면 그의 복음서는 회당마다 웃음거리가 되었을 것이다. 구약성경을 자세히 보지 않더라도 수많은 사람들이 이미 하나님을 보았다는 사실을 금방 알 수 있기 때문이다. 야곱은 밤이 새도록 그분과 씨름한 후 "내가 하나님과 대면하여 보았다"고 외쳤다(창 32:30). 출애굽기에서 우리는 여호와 하나님이 "사람이 친구와 이야기함 같이······모세와 대면하여" 말씀하셨다는 내용을 본다(출 33:11). 또한 시내 산에서 모세는 자기 형 아론은 물론 자신의 조카들, 칠십 명의 장로들과 더불어 "이스라엘의 하나님"을 보았다(출 24:10). 삼손의 부모는, 이사야 선지자가 "화로다 나여, 망하게 되었도다.······만군의 여호와이신 왕을 뵈었음이로다!"라고 외친 것처럼

(사 6:5), "우리가 하나님을 보았으니!"라고 부르짖었다(삿 13:22). 때로 하나님을 보는 것은 에스겔이 "일어나 들로 나아가니 여호와의 영광이 거기 머물렀던" 것처럼(겔 3:23), "여호와의 영광을 보는 것"으로 묘사된다. 그리고 "여호와의 영광이" 수백만의 **온 백성에게 나타나는** 것으로도 묘사된다(레 9:23, 출 16:10).

그래서 요한에게는 "본래 하나님을 본 사람이 없으되"라고 한 후에 **"아버지 품속에 있는 독생하신 하나님이 나타내셨느니라"** 하는 데까지 나아가는 것이 중요했다(요 1:18). 그렇다면 구약성경의 인물들은 누구를 본 것인가? 성부 하나님이 아니라 말씀이요 성자요 하나님의 영광이신 독생하신 하나님이었다. 구약성경에서 이 성자는 때로 여호와의 사자로 보내심을 받았음에도 피조된 천사(사자)가 아니라 분명히 하나님 자신을 뜻하는 "여호와의 천사"로 불린다. 여호와의 천사가 여호와와 하나님처럼 말하고 또 그렇게 일컬어진다(창 16:10-13, 출 3:2-15). 야곱은 여호와의 사자의 이름으로 요셉을 위해 축복하면서 그를 일컬어 자신을 건지신 하나님이라고 한다(창 48:15-16). 또한 이 여호와의 사자는 이스라엘을 애굽 밖으로 이끌어 낸 자로도 불린다(삿 2:1).

그렇다고 성자께서 이따금씩 나타나 모두를 즐겁게 해주는 단역배우처럼 구약성경에 등장한다고 말하면 오산이다. 누군가가 야곱과 씨름한 사람/하나님(창 32:24-30), 혹은 사드락과 메삭과 아벳느고와 함께 풀무불 속에 등장하고 "신들의 아들"과 같다고 묘사된 네 번째 사람에 대해 호들갑을 떨며 말하는 것을 들으면 그런 인상을 받을 수 있다. 마치 구약의 하나님은 오직 성부 하나님(더 심하게는 단지 어떤 "일반적인 하나님")이라는 원리를 벗어나 유별난 일이 발생한 것처럼 들리기 때문이다. 이런 이해가 갖는 문제는 예수를 "참된" 하나님에 대한 신약성경의 **부록** 정도로 생각한다는 것이다(그 결과 예수 이면의 "참된" 하나님은 두려워하게 된다).

그러나 예수께서는 단지 스스로 어떤 오래된 신적 존재나 "하나님"이라고 주장하지 않는다. 자신은 분명 육신으로 이 땅에 온 이스라엘의 여호와 하나님이라고 주장하셨다. 요한복음 8:58에서 예수는 "아브라함이 나기 전부터 내가 있느니라"고 말씀하시며 하나님으로서 자신의 이름을 "스스로 있는 자" I AM, 영어 성경은 이 말을 "여호와"로 번역한다로 분명히 밝히셨다. 그러므로 이런 예수께서 자기 백성에게 나타나 그들에게 말씀하시고 그들과 함께 계신 것은 전혀 이상할 것이 없다. 그분은 "여호와께로부터" 나시는 "여호와"시기 때문이다(창 19:24). 그분은 "만군의 여호와께서 나를 보내신 줄 알리라"고 하시는 "전능하신 여호와"시다(슥 2:8-9). 칼빈이 말한 것처럼 항상 믿을 수 있는 신실한 분이시다. "하나님은 결코 그리스도와 상관없이 자신을 계시하시지 않았다. 또한 하나님은 중보자와 상관없이 옛날 자기 백성들에게 호의를 보이시거나 은혜의 소망을 주신 적이 결코 없다.……그러므로 모든 신자의 소망은 오직 그리스도께 있다."[22]

다시 말해, "기원전"에 그리스도께서는 무엇을 하고 계셨는가? 구원자, 왕, 선지자, 제사장, 희생제물과 같이 자신이 그렇게 되어 성취할 모든 것들의 의미—곧 맛보게 될 것들의 의미—를 경험하고 계

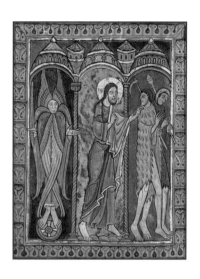

아담과 하와를 쫓아내시는 그리스도(St. Albans
Psalter, 1130)

셨다. 여호와의 말씀으로서 하나님을 알리시고 악을 심판하셨다(창
19:24). 광야를 통해 자기 백성을 인도하시고, 그들을 만나로 먹이시
고 원수로부터 보호하시고 구원하셨다(사 63:9, 유 5). 심지어 자기 백
성과의 연합과 친교의 시간도 가지셨다(창 18:1-8, 출 24:10-11). 마
침내는 자기 백성의 신랑으로서, 최고의 남편처럼 백성들을 사랑하
셨다(사 62:5).

그리스도께서는 또한 친구를 위해 호소하는 사람처럼 자기 백
성을 위해 기도하는 중보자요 대언자로 섬기셨다(욥 16:20-21, 삼상
2:25). 이런 사실을 통해 우리는 앞으로 될 일을 보다 분명하게 알려
주시는 그리스도를 보기 시작한다. 사사기에는 여호와의 사자가 삼
손의 부모에게 나타나는 놀라운 장면이 있다. 이들이 제물을 드리자
"불꽃이 제단에서부터 하늘로 올라가는 동시에 여호와의 사자가 제

단 불꽃에 휩싸여 올라갔다." **마치 제물이라도 되는 것처럼** 말이다(삿 13:20). 조나단 에드워즈는 이 본문에 대해 이렇게 썼다.

> 여기서 그리스도께서는 자신의 성육신과 죽음을 예표하는 방식으로 마노아에게 나타나셨다. 이 아이가 드려지는 것을 통해, 인간의 모양으로 나타나시는 자신의 성육신은 물론 자신의 죽음과 고난을 예표하신 것이다. 그리고 제물의 불꽃 가운데로 좇아 올라감으로 그것을 나타내셨다. 아이가 번제로 불꽃 가운데 올려지는 것처럼 그리스도께서 위대한 희생의 향기로운 제물로 하나님의 진노의 불꽃 가운데 드려질 것을 가리키는 장면이다.[23]

또한 그리스도께서는 "구름 가운데서 속죄소 위에 나타나셨기" 때문에(레 16:2), 우리는 그분께서 대제사장의 사역과 희생제물 하나하나의 피뿌림을 어떻게 보셨을지, 그리고 이를 통해 자신 앞에 놓인 일을 어떻게 생각하셨을지에 대해 다만 상상할 수 있을 뿐이다.

보라, 너의 왕이 오신다

자기 백성을 애굽에서 건지시고 그들에게 하늘에서 만나를 내려 먹게 하시며 심지어 그들과 함께하기 위해 오실 수도 있었지만, 그리스도께서는 그보다 더한 것을 원하셨다. 우리 역시 그보다 더한 것을 필요로 했다. 그분과 우리 모두는, 이 모든 것들이 예표하고 가리키는 실체를 필요로 했다. 참된 구출과 영생의 떡이 필요했고, 우리의 유익을 위한 그분의 존재가 필요했다. 그래서 이 약속이 주어졌다. "처녀가 잉태하여 아들을 낳을 것이요 그 이름을 임마누엘이라 하리라"(사 7:14).

2

보라, 이 사람이로다!

여호와의 영광이 나타나고

만물을 지으신 여호와께서는 천지를 살피기 위해 자신을 낮추셔야만 했고(시 113:6), 종의 형상을 입기까지 그렇게 하셨다. 성자께서는 자신의 육신을 낳은 어머니를 창조하셨고, 성부께서는 모든 천사들에 앞서 자신의 위대한 성자를 보내셨다.

사도 바울은 그리스도 예수께서 "자기를 비워" 종의 형체를 입으셨다고 썼다(빌 2:7). 그러나 이 말을 하나님과 한 본체이신 그리스도께서 자신의 어떤 것을 버리시고 하나님이 아닌 무엇이 되신 것처럼 이해해서는 안 된다. 그리스도는 하나님과 동등한 본체로서 **자신의** 어떤 것을 비우시지 않았다. 그분은 스스로 낮추는 방식으로 **자기를** 비우셔서 아기의 모양으로 우리와 함께하는 하나님이 되셨다. 지존자께서 낮아지셨다. 창조자께서 피조물이 되셨다. 말씀이신 분께서 말 못하는 아기로 오셨다. 하나님의 능력 자체이신 분께서 무력한 아기로 이 땅에 오셨다.

말라기 선지자는 "너희가 구하는 바 주가 갑자기 그의 성전에 임하시리니"라고 예언했다(말 3:1). 그리고 그 예언대로 주가 오셨다.

한 주 예수 그리스도

윌리엄 블레이크 「아벨의 시신을 발견한 아담과 하와」(1826)

교회 주위에는 언제나 괴짜들이 있어 왔다는 사실이 오히려 위안이 될 때가 있다. 괴짜들이 비단 오늘날에만 있는 것은 아니라는 말이기 때문이다. 2세기에 최고의 괴짜에게 주는 상이 있다면 (경쟁이 아주 치열하기는 했지만) 아마도 당시의 가인숭배자들the Cainites에게 돌아갔을 것이다. 그들은 창조를 온갖 혼란과 고통을 수반한 아주 끔찍한 일로 여겼고, 그런 창조를 생각해 낸 신은 그야말로 악당과 같은 존재가 틀림없다고 생각했다. 그런 신이야말로 정말 마귀였다. 이들에게 진정한 영웅은 성경에 나온 가인과 같이 사악한 창조자를 대적하는 사람이었다. 가인숭배자들은 자신들은 구약성경의 창조자 하나님을 예배하는 대신 신약성경의 하나님, 곧 이 끔찍한 피조세계에서 자신들을 구출하여 순수하게 영적인 세계로 데리고 가는 구원자 하나님을 예배한다고 주장했다.

정통 기독교인들은 어떻게 사랑의 하나님이 그와 같은 완전한 부패를 허용할 수 있는지 의아해했다. 요한복음 서두의 메시지는 호주산 크리스탈만큼이나 투명하고 분명하게, 구원자께서 말씀으로서 태초부터 하나님과 함께 계셨고 그분으로 말미암아 만물이 지어졌다고 말한다. 구원자가 곧 창조자였다. 이 둘은 서로 다르지 않다. 그러므로 만신창이가 된 이 세상을 **떠나는** 것을 결코 구원이라 할 수는 없다. 구원은 (창조자라고 하는) 다른 악한 신이 한 일을 없이하는 것이 아니다. 오히려 창조 사역에서 공허 가운데 오셨던 그 말씀이 바로 구원 사역에서 죄로 만신창이가 된 세상에 오신 분이다. 자기가 지은 세상으로 친히 오신 것은 그 세상을 없이하기 위해서가 아니라 그것을 구속하기 위해서다. 창조의 첫날 발한 바로 그 말씀이, 새 생명을 창조하고 자기에게 속한 자들을 회복하기 위해 다시 한 번 어둠 가운데 빛을 발하는 것이다 (요 1:4-5).

교회의 신학자들은 이따금 구원 역사를 하나님의 형상 이야기로 설명했다(즉, 자기 아버지와 항상 완전한 교제를 누리면서 그를 완전하게 반영하는 하나님의 형상이신 그리스도의 이야기를 말한다. 골로새서 1:15, 고린도후서 4:4를 보라). 인간이 그의 **형상**을 따라 지어짐으로 모든 역사가 시작되었다. 그리스도께서 항상 그러셨던 것처럼 우리도 하나님을 알고 하나님과 교제를 누림으로 하나님의 은혜로움과 거룩함과 아름다움을 나타내도록 하나님의 형상을 따라 지어졌다. 하지만 에덴동산에서 뱀의 말을 듣고 하나님을 저버리면서 우리는 다름 아닌 뱀과 같이 되어 버렸다. 이기적이고 부정한 존재, 하나님이 아닌 사탄의 말에 귀를 기울이는 존재가 되었다. 그리스도의 형상을 따라 지어져 그리스도를 나타내던 인간의 얼굴이 이제 죄로 말미암아 끔찍하게 일그러져 버린 것이다. 하지만 바로 그때 그리스도께서 자기 모습을 다시 우리 안에 그리시고 새롭게 하셨다. 전혀 새로운 종류의 역사를 시작하신 것이 아니라 처음의 역사를 새것으로 만드셨다. 하나님의 형상은 우리에게 하나님의 형상으로 존재한다는 것이 무엇인지를 보여주고 원래 지어진 바대로 우리를 만들어 간다.

자신이 믿는 하나님을 품에 안은 신실한 노인 시므온은 얼마나 소스라치게 놀랐겠는가!(눅 2:25-35) 지성소에 계셨던 이가 바로 여기 있는 것이 아닌가! 대제사장들이 떨며 나아가야 했던 바로 그분이 육신으로 오셨고, 이제 자기 백성과 더불어 영원토록 함께하신다. 당시에 귀신들린 자들이 그렇게 자주 등장하는 것도 놀랄 일이 아니다. 위대한 하늘의 왕자를 대적하기 위해 지옥에 속한 모든 자들이 소집되었을 것이다. 복음서에 그분을 본 많은 사람들이 마치 화산 폭발을 보고 증언하는 사람들처럼 놀라워하고 경악했다고 기록되어 있는 것도 새삼스런 일이 아니다. 그분의 오심은 곧 세상의 종말이자 천지를 뒤흔드는 만물의 대격변을 의미했기 때문이다.

12세기에 "입에서 꿀이 흐르는 박사"로 유명했던 클레르보의 베르나르$^{\text{Bernard of Clairvaux}}$는 이 사건을 흠모하며 "하나님의 입맞춤"이라 불렀다. 하나님의 말씀 또는 입이 우리를 만나기 위해 사랑으로 이 땅에 닿은 것이다. 신랑이 신부와 한 몸을 이루기 위해 온 것이다. 여기서 우리는 자기 백성을 향한 여호와 하나님의 끝없는 열정과 연민을 본다.

"오실 자의 모형"

그렇다면 왜 하나님의 아들은 말 그대로 사람이, 다시 말해 여자의 아들이 되셨는가? 처음 사람인 아담에게로 잠시 돌아가 보면 그 이유를 짐작해 볼 수 있다. 왜 하나님의 아들은 사람이 되셨는가? 먼저,

첫 번째 아담은 "오실 자의 모형"이요(롬 5:14), "마지막 아담"인(고전 15:45) 그리스도가 어떤 분인지에 대한 그림을 제공하기 때문이다. 예를 들어 하나님은 아담을 만물을 다스리는 자로 세우셨다. "생육하고 번성하여 땅에 충만하라. 땅을 정복하라. 바다의 물고기와 하늘의 새와 땅에 움직이는 모든 생물을 다스리라 하시니라"(창 1:28). 아담에게는 하나님의 청지기이자 섭정자로 피조세계를 돌볼 책임이 있었다. 그러나 이 모든 과정에서 아담은 모든 무릎이 꿇고 모든 만물이 복종할 이에 대한 묘사로서 세워졌을 뿐이다. 바로 마지막 아담, 곧 만물을 다스리는 영원한 왕으로 등극하게 될 분 말이다.

아담은 또한 성부의 영광의 광채이신 성자와 같이 되도록 "하나님의 형상"을 따라 지어졌다(창 1:27). 또한―놀랍게도―누가복음 3:37은 아담을 "하나님의 아들"로 칭한다. 아담이 특별히 하나님의 아들과 같이 되어 그분께서 항상 누리셨던 사랑과 관심을 만끽하도록 지음을 받았기 때문이다. 아담은 성부의 사랑을 알도록 지어졌다. 하지만 죄로 인해 자신이 누릴 수 있었던 모든 특권을 잃어버렸다. 사탄에게 귀를 기울임으로 인해 하나님의 형상을 상실했다. 하나님의 자애로운 사랑을 의심한 결과 그는 더 이상 신실한 아들이 아니었다. 탕자가 되었다. 하지만 그런 죄에도 불구하고 아담은 희미하게나마 하나님의 아들의 형상을 비추는 **거울** 역할을 한다. 아담은 하나님이 주신 명령을 거역했다. 이는 분명 그가 더 이상 성부를 사랑하지 않았기 때문이다. 바로 그 순간 아담은 "나는 오직 아버지를 사랑하고 또한 아버지께서 명하신 대로 행한다"고 하신 하나님의 아들과

아담을 에덴으로 이끄시는 하나님. 몬트리올 성당에 있는 작품이다. 기독교 미술의 역사를 보면 그리스도와 아담을 서로 닮게 묘사하는 작품이 많다. 때로 그리스도가 붉은 머리카락을 가진 것으로 묘사되는 것도 흙에서 지어진 아담과의 유사성을 붉은 흙adamah의 색깔을 통해 은유적으로 나타내는 것으로 이해할 수 있다. 히브리어로 "아담"adam은 "붉다"를 뜻하는 형용사인 "아돔"adom과 어원적으로 가장 가까운 말이다.

완벽한 대척점에 자리하게 되었다(요 14:31).

무엇보다, 첫째 아담은 결혼을 통해 우리에게 마지막 아담의 모습이 어떠할 것인지를 보여준다. 그런데 창세기 2장의 묘사를 보면 의아한 생각에 고개를 갸웃거리게 된다. 사망이나 상함이 전혀 없는 세상에서 아담이 상처를 입기 때문이다. 아담은 깊은 잠에 빠진다. 사망과 같은 기이한 잠에 빠진 아담의 옆구리에서 하나님은 갈빗대 하나를 취해 여자를 만드신다(21-22절). 아담으로부터 여자가 나와 아내로서 남편과 한 몸이 된다(24절). 존 칼빈은 "여기서 하나님의 아들과 우리가 이루는 연합을 꼭 닮은 연합을 본다"고 썼다.[1] 이게 무슨 말인가? 성경주석가 매튜 헨리Matthew Henry는 이 대목을 다음과 같이 설명한다.

상한 자를 위한 기쁜 소식

"결혼"이라는 말에 움찔하는 사람들이 너무나 많다. 결혼이 생각하고 바라던 것과 다른 것으로 드러나서인지 아니면 결혼 생활에 대한 불행한 경험 때문인지 "결혼"이라고 하면 많은 사람들이 괴로움을 떠올린다. 심지어 아담도 결혼에 대한 좋은 모범이 아니었다. 뱀에게 꼬임을 받는 아내를 곁에서 멀뚱멀뚱 보고만 있었으면서 아내의 잘못을 자기 책임으로 받고 감당하기보다는 오히려 아내를 비난했다. 그러나 사실 결혼이 사람들에게 이처럼 강한 감정을 불러일으키는 것은 우리의 모든 실제 생활의 중심에 결혼이 있기 때문이다. 역사는 창세기의 결혼과 더불어 시작하여 요한계시록의 결혼으로, 다시 말해 남편을 위해 아름답게 단장한 신부로 예비되어 하늘에서 내려오는 거룩한 도성 새 예루살렘으로 마무리된다(계 21:2). 이 결혼은 하나님의 궁극적인 "해피엔딩"이다. 잘못된 결혼이 그토록 고통스럽고 괴로울 수밖에 없는 것은 너무도 섬세해서 상하기 쉬운 아름답고도 선한 것이 잘못된 결혼으로 인해 산산조각나기 때문이다.

더 나아가면, 최악의 경우 잘못된 결혼생활은 그리스도와 교회의 관계를 **극명하게 부정적으로** 드러내고 만다. 결혼에 대한 궁극적 진리를 뒤집어 버린다. 모든 성경 가운데 가장 암울한 장이라고 할 수 있는 사사기 19장을 예로 들어 보자. 이스라엘의 영적 타락의 끝을 보여주는 사사기 19장에는 당시 이스라엘 사회에 횡행했던 섬뜩하고 소름끼치는 사악함과 성적 학대가 고스란히 드러난다. 한 이스라엘 제사장이 자기 아내와 함께 기브아로 간다(그녀가 실제로 한편으로는 소유이면서 다른 한편으로는 아내이기도 한 첩이었던 점을 보면, 이 제사장이 적어도 백마 탄 왕자처럼 아내를 구해 줄 멋진 남편이 아니었던 것만은 분명하다). 기브아에서 유숙할 때 그 성읍의 비류들이 그들이 묵던 집을 둘러싸고 **그 남자**와 성관계를 맺겠다고 아우성을 쳤다. "무리가 듣지 아니하므로 그 사람이 자기 **첩**을 붙잡아 그들 밖으로 끌어내매 그들이 그 여자와 관계하였고 밤새도록 그 여자를 능욕하다가 새벽 미명에 놓은지라"(25절). 이 제사장은 자기 아내를 밤새 욕보이도록 비류들에게 내준 것도 모자라, 다음날 아침 만신창이가 되어 가련하게 문지방으로 두 손을 뻗은 채 집 문 앞에 쓰러져 있는 그녀에게 "이제 그만 일어나라. 가자!" 하고 소리를 질렀다. 자기가 살기 위해서 아내를 비류들에게 내어 주다니, 정말 피도 눈물도 없는 남편이다. 신부를 구하고 지키려는 애절한 사랑으로 홀로 바깥 어두운 곳으로 나아가 자신을 희생하신 예수와는 정반대의 모습이다.

결혼에 대한 생각만 하면 마음이 움찔하는 그리스도인들은 여기서 두 가지 달콤한 위로를 얻을 수 있다. 첫째, 우리가 결혼에서 경험하는 모든 무정함과 잔인함, 냉랭함과 같은 것들은 궁극적으로 마음을 상하게 한다. 이러한 것들은 진정한 결혼의 모습과는 **다르기** 때문이다. 이는 그리스도의 신부인 교회가 신랑과의 결혼에서 맛보고 누리는 것들과 상반된다. 둘째, 미혼이건 기혼이건 그리스도인이라면 누구나 마음 깊은 곳에서 이 제사장과 같은 자신의 모습을 발견한다. 하지만 우리 모두에게 있는 진정한 사랑과 영원한 행복을 향한 열망은 어린양의 혼인잔치에서 흡족히 채워져 한없이 흘러넘치게 될 것이다.

여기서(다른 많은 곳에서와 마찬가지로) 아담은 오실 이의 표상이었다. 둘째 아담인 그리스도께서 십자가 죽음이라는 사망의 깊은 잠에 빠지셨을 때, 그 찔린 옆구리에서 자신의 교회를 사기 위한 피와 자신을 정결하게 할 물이 흘러나왔다. 그때 그리스도의 신부인 교회가 빚어졌다.[2]

그러니 창세기 2장이 말하는 사람의 첫 결혼에 대해 읽던 사도 바울이 종국에 있을 궁극적인 결혼의 모형을 발견하고 "이 비밀이 크도다. 나는 그리스도와 교회에 대하여 말하노라" 하고 탄성을 지른 것은 당연하다(엡 5:32). 우리는 아담으로부터 그리스도께서 십자가에서 물과 피를 흘리신 영광스런 의도를 발견할 수 있다. 자기 신부에게 생명을 주어 자기와 하나 되게 하기 위한 것이다.

아담아, 네가 무엇을 하였느냐?

아담은 마지막 아담을 가리키는 오실 이의 모형으로 보는 것이 맞다. 하지만 그리스도를 이해하기 위해 아담을 주목해야 하는 보다 핵심적인 이유가 있다. 아담이 우리 자신과 갖는 본성적 동질성 때문이다.

창세기 5장은 아담에게 아들이 생겼을 때 "아담이……자기 모양 곧 자기의 형상과 같은 아들을 낳아"라고 한다(3절). 자기를 꼭 빼닮은 아들을 낳았다는 말이다. 하나님의 모양과 형상을 따라 지음받았지만 아담은 하나님과 분명히 **달랐다**. 이제 세상은 아담과 같이 죄책을 지닌 자들의 발걸음 소리로 가득하게 되었다. 아담은 **자신과 같은**

인류의 아버지가 되었다. 잘 알려져 있지 않
은 외경의 한 책에는 에스라가 말한 것으로
추정되는 내용이 있다. "오 아담, 무슨 짓을
한 것인가? 죄를 범한 것은 당신이지만 당신
뿐 아니라 당신의 후손인 우리까지도 타락
하게 되었다네"(에스드라 2서 7:118).

사도 바울은 이 사실을 다음과 같이 가
감없이 말한다. "**한 사람으로 말미암아** 죄가
세상에 들어오고, 죄로 말미암아 사망이 들
어왔나니……**한 사람의 범죄로 인하여** 많은
사람이 죽었은즉……사망이 왕 노릇 하였나
니……**한 범죄로** 많은 사람이 정죄에 이른
깃 같이……**한 사람이 순종하지 아니함으로**
많은 사람이 죄인 된 것 같이"(롬 5:12-19).
옛날 존 던[John Donne]이 한 말이 맞다. 외딴 섬
처럼 독자적으로 존재하는 사람은 없다. 아
담의 죄가 우리 모두에게 미쳤기 때문이다.
아담으로 인해 우리는 죄를 짓고, 아담으로
인해 우리는 죽는다.

바로 이 대목에서 거리에서 요란하게

하르트만 쇼텔 「인성의 근원으로서의 아담」(1493)

울리는 사상경찰의 사이렌 소리를 들을 수 있다. 방금 한 이야기는 사람들이 심각한 모독으로 여기는 말이기 때문이다. 내 운명의 주인이 내가 아니란 말인가? 내 영혼의 선장이 내가 아니란 말인가? 내가 내 운명을 결정하지 않는단 말인가? 할리우드 감성에 빠져 있는 문화에서는 들을 수 없는 말이다. 그러나 그렇지 않다. 우리는 모두 자신이 무엇을 하기도 전에, 심지어 우리가 존재하기도 전부터 있던 문제 안에서 태어났다. 우리는 모두 아담에게서 난 자들이다. 그의 모양을 따라, 그가 가진 죄의 동질성을 가진 그의 가족으로 태어났다. 우리는 각자가 지은 죄 때문에 죄인이 되는 게 아니다. 우리는 모두 죄인으로 태어났다. 우리가 죄를 짓고 죽는 **이유**도 죄인으로 태어났기 때문이다. "옛 속담에 말하기를 악은 악인에게서 난다 하였으니"(삼상 24:13). 우리는 그저 자신의 본성에 따라 행동하는 것뿐이다(잠시 이렇게 어두운 사실을 계속 따라가 보자. 이로 인해 빛이 더 밝게 비친다).

우리 모두가 정말 이렇게 믿고 있는지 의구심이 든다. 이것이 우리에게 더 어울리는데도 말이다. 우리 각자가 정말로 하나하나의 독립된 섬이라면 어떻게 되었겠는가? 죄에 영향받지 않은 흠이 없는 모습으로 세상이 태어났다면 어떻게 되었겠는가? 만약 아담의 죄가 아닌 각자가 지은 죄 때문에 고통을 당하고 죽는다면 어떻게 되었겠는가? 그렇다면 지적 장애를 가지고 태어난 소년에 대해서는 뭐라고 하겠는가? 선천적으로 에이즈 바이러스를 가지고 태어난 소녀는 또 어떤가? "불쌍한 아이들이 **자기 자신의** 죄로 저렇게 고통을 받는구나"라고 말해야 할 것이다. 그러나 사도 바울은 우리가 그처럼 비정하고 냉담한 사람이 되지 않도록 한다. 우리 각자는 모두 자신의 출생을 거슬러 올라 아담까지 이어지는 공통된 문제를 가지고 있다.

　　바울은 고린도전서 15장에서 "아담 안에서 모든 사람이 죽은 것같이"라고 하면서 이와 비슷한 내용을 주장한다. 하지만 그러면서 바울은 이 단순한 말을 빛이라는 이미지로 감싼다. "그러나 이제 그리스도께서 죽은 자 가운데서 다시 살아나사 잠자는 자들의 **첫 열매**가 되셨도다. 사망이 한 사람으로 말미암았으니 죽은 자의 부활도 한 사람으로 말미암는도다. 아담 안에서 모든 사람이 죽은 것 같이 그리스도 안에서 모든 사람이 삶을 얻으리라. 그러나 각각 자기 차례대로 되리니 먼저는 **첫 열매**인 그리스도요, 다음에는 그가 강림하실 때에 그리스도에게 속한 자요"(20-23절). 지금 바울은 아담과 그리스도를 두 가지 첫 열매로 묘사한다. 하나는 사망의 열매요 다른 하나는 생명의 열매다. 사실 첫 열매들에 대한 생각은 고린도전서 15장이라는 몸을 떠받치는 중추다. 4절에서 바울은 장사 지낸 바 된 그리스도께서 "성경대로 **사흘 만에** 다시 살아나셨다"고 한다. 지금 바울은 성경 어느 대목을 염두에 두고 이렇게 말하는가? 무엇보다 먼저 창세기 1장과 창조의 셋째 날이다. 창세기 1장은 창조의 셋째 날을 이렇게 말한다(반복되는 표현이 어떻게 핵심을 드러내는지 보라). "하나님이 이르시되 땅은 풀과 **씨 맺는** 채소와 각기 종류대로 **씨 가진 열매 맺는** 나무를 내라 하시니 그대로 되어 땅이 풀과 **각기 종류대로 씨 맺는** 채소와 **각기 종류대로 씨 가진 열매 맺는** 나무를 내니 하나님이 보시기에 좋았더라"(창 1:11-12).

창세기 1장이 말하는 창조의 셋째 날에서 창조의 첫 열매들을 본다(삼 일 만에 부활하신 그리스도께서 **새** 창조와 죽은 자들의 부활을 위한 첫 열매인 것처럼). 셋째 날의 첫 열매들은 각기 "그 종류대로" 열매를 낸다. 저마다 **그 안에** 씨—다음 세대—가 있기 때문이다. 그래서 **열매에 일어난 일이 씨에도 그대로 일어난다.** 바울은 아담과 그리스도도 마찬가지라고 말한다. 아담과 그리스도는 두 가지 각기 다른 작물의 첫 열매들이다. 하나는 사망의 열매요 다른 하나는 생명의 열매다. 모든 다른 사람들은 이 두 열매들 중 하나에 담긴 씨다.

바울이 아담과 그리스도에 대해 말할 때, 마치 온 세상에 이 두 사람만 존재하는 것처럼 말한다는 느낌을 받지 않는가? 이것이 바로 바울이 그리는 온 인류에 대한 큰 그림이었다. 이 그림에서 인류란 서로 독립된 수많은 개인들로 이루어진 거대한 모임이 아니다. 세상에는 아담과 그리스도 **두 사람**이 존재한다. 옛 사람과 새 사람이라는 두 머리, 두 열매가 있다. 우리 각자는 이 두 열매 중 하나에 속한 씨요 그들 몸의 지체에 불과하다. 우리 운명은 우리 자신이 아니라 우리가 속한 열매에 달려 있다. 아담이 죄를 지었을 때 우리도 그 안에서 죄를 지었다. 아담이 죽었을 때 우리도 그와 함께 죽었다. 나는 태어날 때 죄 많은, 죄책이 있는, 죽은 인간으로 태어났다. 그것이 나의 정체성이다(그리고 나는 그 정체성에 상당히 걸맞게 살아가고 있다).

히브리서 7:10은 짧은 구절이지만 이 땅에 사는 동안 우리가 피할 수 없는 엄연한 현실을 말해 준다. 히브리서 본문은 창세기 14장에서 어떻게 아브라함이 살렘 왕 멜기세덱에게 십분의 일 혹은 "십의 일조"를 바쳤는지를 말해 준다. 흥미롭게도 히브리서는 아브라함의 증손자인 레위(창세기 14장의 사건이 있을 때는 아직 태어나지도 않았다)도 "아브라함으로 말미암아 십분의 일을 바쳤다고 할 수" 있다고 한다. "멜기세덱이 아브라함을 만날 때 레위는 아직 자기 조상의 허리에 있었기" 때문이다(9-10절). 아직 태어나지도 않았지만 "아브라함 안에서" 레위도 그 자리에 있었던 것으로 말한다. 결국 레위는 아브라함의 후손이요 그의 "씨"였다. 그리고 그는 여전히 옛 열매 안에 있었다. 아브라함이 한 것은 곧 레위도 한 것이다. 인류의 아버지인 아담이 한 일에 대해서도 똑같이 말할 수 있다. 히브리서의 표현을 쓰자면, 우리는 아담으로 말미암아 죄를 지었고 죄책 아래 있는 것으로 선포되었다. **왜냐하면** 아담이 죄를 지을 때 우리는 이미 우리 조상인 아담의 허리에 있었기 때문이다.

오늘날 우리 대부분은 극도로 개인수의화된 세상을 살고 있다. 이런 세상에서 아담과의 연합이나 그리스도와의 연합에 대한 이야기는 유니콘의 존재를 말하는 것처럼 이상하게 들리는 것이 사실이다. 우리는 실제로 아담과의 어떤 연관성도 생각하지 않으며 살아간다. 심지어 그런 말은 부당하게 들리기까지 한다. 죄를 지은 사람은 아담인데 **내가** 왜 **그의** 죄 때문에 고통을 당해야 한단 말인가?(정말로 우리 각자가 아담으로부터 독립해 있는 섬이라도 되는 것처럼 말한다.) 하지만 바로 이런 개인주의로 인해 기독교의 좋은 소식에 대한 우리의 이해가 심각하게 훼손된다. 기껏해야 **별것 아닌** 메시지나 소비자를 위한 광고 정도로 치부한다. "오십시오. 와서 기존의 당신 삶에 이

프라 안젤리코 「골고다 언덕에 있는 아담의 해골」(1435). 예부터 내려오는 흥미로운 전설이 하나 있다. 예수께서 못 박혀 죽었던 자리를 골고다(아람어로 "해골"이라는 뜻이다)로 부르는 것은 그곳이 다름 아닌 아담의 무덤이 있던 자리였기 때문이라는 것이다. 골고다의 십자가를 묘사하는 예술작품 가운데 마지막 아담이 첫 아담에게 생명을 가져다주는 것처럼 십자가를 타고 내린 예수의 피가 아담의 해골로 떨어지는 것처럼 묘사하는 작품들을 종종 볼 수 있다.

것을 더하십시오.……은혜를 받으십시오." 그러나 바울의 시각은 전혀 달랐다. 훨씬 깊이 자리한 문제를 보았고 그만큼 더 광대한 비전을 보았다. 바울은 우리의 곤경은 우리 각자가 충분히 선하지 못하기 때문에 약간의 용서를 필요한 정도가 아니라는 것을 알았다. 만약 문제가 그렇게 간단하다면 더 열심히 노력하여 보다 도덕적인 모습이 되고자 했을 것이다. 그러나 문제는 그렇게 간단하지 않다. 아담에게서 태어난 우리의 **정체성** 자체가 문제다. 열심히 노력하거나 어떠한 신적 관용을 얻는 것으로는 아무런 소망이 없다. 아담의 옛 사람을 벗고 새 사람으로 **거듭나고** 새로운 피조물이 되는 것 외에 다른 길은 없다.

　　죄를 범하고 타락한 날 사탄의 머리를 상하게 할 아이와 후손과 씨에 대한 약속을 들은 아담과 하와는 얼마나 가슴이 벅찼을까!(창 3:15) 그는 사람의 후손이 아니면서도 여자로부터 난, 하나님이 특별히 허락하신 아들이어야 했다. 그렇지 않으면 어떤 것도 충분하지 않다. 이 약속의 아들은 아담과 그 안에 있는 모든 사람들을 위한 유일한 생명의 소망이었다. 이 소식에 감격하여 아담은 여자에게 새로운 이름을 준다(창 3:20). 성경에서 누구에게 새로운 이름을 부여할 때—아브람을 아브라함으로, 호세아를 여호수아로, 사울을 바울로, 시몬을 베드로로—는 항상 중요한 의미가 있었다. 여기서도 마찬가지다. 타락이 있기 전에 자기 아내를 처음 마주한 아담은 그녀를 일컬어 "여자"라고 한다(창 2:23). 그러나 이제는 하나님이 주신 약속을 따라 그녀를 "하와"(생명!)라 이름한다. 한 아이를 통하여 사그라지고 죽어가는 아담의 족속들에게 생명이 주어질 것이다. 존 헨리 뉴먼^{John Henry Newman}은 「지극히 높은 곳에 계시는 지존자를 찬양하라」라는 탁월한 찬송시에서 이 사실을 다음과 같이 노래한다.

오 우리 하나님의 사랑스런 지혜여!
죄와 수치가 우리의 전부일 때
우리를 위해 싸우고 우리를 구하시려
둘째 아담이 오셨다.

지혜롭기 그지없는 사랑이여!
아담 안에서 실패했던 혈과 육은
이제 다시금 원수를 대하여
싸워 이겨야 한다.

리옹의 사자

2세기 고울 지방 리옹의 감독이었던 이레니우스Irenaeus, 130?-202?는 당시 실제로 큰 명망을 얻을 수 있는 유복한 환경에서 자랐다. 어렸을 때 그의 스승은 일찍이 사도 요한을 알았던 순교자 폴리캅Polycarp이었다. 여러 전승들이 이레니우스가 사도들과 어떤 식으로든 직접적인 관계가 있었음을 증거한다! 하지만 신학자로서 그의 재능에 비하면 이런 것들은 아무것도 아니었다.

이레니우스에게 그리스도는 그야말로 아담이 저지른 모든 일을 회복하기 위해 오신 분이었다. 그에게 그리스도는 단순히 특정한 사람들을 구원하는 것만이 아닌 아담으로 초래된 일—만물을 고통 가운데 신음하도록 한 재앙—을 **되돌리기** 위해 오신 분이다. 이레니우스는 창세기 3장은 창세기 2장 이후에 어떤 시간적 차이도 없이 곧이어 일어난 일을 묘사하고 있다고 주장했다. 창조의 여섯째 날에 아담이 타락했다는 것이다. 그러므로 아담과 하와는 오늘날로 치면 토요일인 일곱째 날에 하나님의 안식을 누려본 적이 없다. 그야말로 나쁜 금요일이었다. 그러나 바로 이날 일어난 일을 되돌리기 위해 그리스도께서 오셨다. 그 나쁜 금요일에 아담으로 말미암아 죄와 사망이 세상으로 들어온 것처럼, 성 금요일Good Friday에 그리스도께서는 십자가에서 죄와 사망을 이기셨다. 아담은 사탄의 꼬임에 빠져 타락했지만 그리스도께서는 광야에서 동일한 유혹을 물리치셨다. 아담은 에덴동산에서 타락하여 사망에 이르렀지만 그리스도께서는 동산 무덤에서 다시 살아나셨다.

이처럼 그리스도께서는 죄로 인해 유린되고 황폐하게 된 피조세계를 회복하신다. 원래 지어진 목적을 따라 우리를 다시 참 인간으로 회복하신다. 하지만 그것이 다가 아니다. 인자가 영광을 얻으신다. 처음 사람이 도무지 알지 못했던 영광이다. 그리스도로 말미암은 새 창조는 아담의 옛 창조를 능가한다. 영광스런 새 창조와 더불어 우리는 이제까지 아담 안에서 잃어버렸던 것보다 훨씬 더 많은 것을 얻는다. "한 사람의 범죄로 말미암아 사망이 그 한 사람을 통하여 왕 노릇 하였은즉, **더욱** 은혜와 의의 선물을 넘치게 받는 자들은 한 분 예수 그리스도를 통하여 생명 안에서 왕 노릇 하리로다"(롬 5:17).

주께서 이 땅에 새것을 창조하실 것이라

이제 우리는 이렇게 말할 수 있다. 하나님의 아들이 마지막 아담이 되고 에덴의 타락을 되돌리며, 새로운 인류의 머리가 되고 자기 백성, 자기 신부와 하나가 되기 위해서는 참 사람이 되셔야 했다. 참되고 실제적인 의미에서 그는 오래전에 약속된 여인의 후손이 되셔야 했다. 말씀이 육신이 되신 것이다.

아마 이것이 사도 요한(항상 사건 이면에 숨겨진 신학적 의미를 넌지시 드러내 주기를 좋아했던)이 자신의 복음서에서 예수 사역의 초기와 마지막 순간에 있었던 뜻밖의 두 가지 상황을 언급하는 이유일 것이다. 예수께서는 두 번에 걸쳐 자기 어머니 마리아를 가리켜 "여자여"라고 부르신다. 한 번은 가나 혼인잔치에서(요 2:4), 다른 한 번은 십자가에 달려서 그렇게 부르셨다(요 19:26). 더할 나위 없는 최고의 아들이 자기 어머니를 이렇게 매정하게 부르는 것은 상상할 수가 없다. 이 말이 어머니를 향한 자식의 애정 어린 마음을 제대로 전달하는 호칭은 아니다(불편한 마음을 가진 NIV 번역자들은 표현을 좀 더 완화시켜 두 번 모두 **"사랑하는** 여자여"[Dear woman]라고 번역하는데, 이 경우에는 보다 자연스러워진다). 그러나 아마도 예수께서는 가나에서 자신의 영광을 처음 나타내시면서, 그리고 마지막에 십자가에서 숨을 거두시기 전의 상황을 통해 자신이 바로 창세기 3장에 약속된 **여인**의 씨임을 분명히 드러내고자 그렇게 하셨을 수도 있다. 십자가에서 예수께서는 오래 대망해 온 여인의 후손으로 달려 있었고 마침내 뱀의 머리를 밟으셨다.

　어쨌든 그리스도께서 참 사람이 되셔야 했던 것은 분명하다. 하지만, 그럼에도 여전히 상당한 문제가 남는다. 만약 아담의 죄로 인해 모든 인간이 정죄에 이른 것이 맞다면, 어떻게 참 사람이면서 다른 여느 사람들과 달리 정죄에 이르지 않을 수 있단 말인가? 모든 아담의 족속에게 흐르는 동일한 죄를 가지고 태어난다면 어떻게 자기 백성을 저들의 죄로부터 구원한단 말인가? 창세기 4장 이래로 지금까지 사람들은 자신의 죄악된 형상과 모양대로 자녀를 낳으면서 살아왔다. 육으로 난 것은 육이다(요 3:6). 새로운 무엇이 있어야 한다. 그리스도께서는 여인에게서 나셔야 했지만 인간 아버지 없이 나셔야 했다. 그렇지 않으면 인간 아버지의 모양과 형상을 따라 여느 인간과 다를 바 없이 죄를 가질 수밖에 없기 때문이다. 아담과 마찬가지로 그분께서도 역시 인간 아버지가 아닌 하나님을 아버지로 가지셔야 했다. 또한 성령의 순전한 능력으로 처녀가 그분을 잉태하고(사 7:14, 눅 1:35), 영을 따라 난 거룩한 아이를 출생해야 했다(요 3:6). **새로운** 인류와 **새로운** 피조물의 머리가 될 이를 낳기 위해서는 창세기에서 수면 위를 운행하신 성령께서 마리아에게 임하셔야 했다.

　동정녀 탄생을 통해 그리스도께서는 아담으로부터 물려받는 죄를 피함은 물론, 그분께서 이루실 구원과 새로운 인류는 **초자연적**임을 보이셨다. 요셉과 마리아의 바람이 아무리 간절했다 할지라도 이 두 사람만으로는 세상의 구원자를 낳지 못했을 것이다. 예수의 복되고 아름다운 생애는 우리 자신의 노력을 통해 다다를 수 있는 어떤 초인적인 사례가 아니다. 예수의 삶은 진화론적 비약의 산물도, 인간 내면의 잠재력이 발산된 결과도 아니다. 신성과 인성이 결합하는 것은 인간이 할 수 있는 일이 아니다. 마리아는 단순히 하늘로부터 오는 선물로서 하나님의 말씀을 받았을 뿐이다. **이것이** 바로 우리가 그리스도의 새 생명을 받을 수 있는 방법이다. 동정녀 탄생은 구원을 얻으려는 우리의 모든 어리석은 시도에 대한 절대적인 부정_{否定}이다!

　　이 말은 곧 예수께서 우리를 위한 사랑과 선의 모델이시기 이전에 우리의 노력으로는 다다를 수 **없는** 분이시라는 것을 뜻한다. 동정녀 탄생은 그분께서 우리의 모범이 아니라 우리의 구원자로서 오셨음을 말한다. 활화산 같았던 종교개혁자 마르틴 루터는 이 사실을 명확히 하는 것이 우리의 건강에 필수적이라고 믿었다. 루터는 "복음의 토대와 중심적인 내용은 당신이 **그리스도를 모범으로 받기 전에 먼저 그분을 하나님이 당신에게 당신의 것으로 주시는 선물로 고백하는 것이다**"라고 썼다.[3] 그렇지 않으면 그리스도께서는 당신에게 다른 선한 사람 이상의 도움을 주실 수 없다. 그리스도에 대한 소식은 전혀 좋은 소식이 되지 못한다. 동정녀 탄생을 비신화화하거나 부인하는 신학자들의 신학에서 필연적으로 복음이 실종되고 마는 것은 전혀 이상한 일이 아니다. 예수의 동정녀 탄생은 기독교 복음이 가진 진실로 선한 것, 곧 하나님의 초자연적인 개입과 구원을 보존하고 간직하도록 한다.

프라 안젤리코 「수태고지」(1431).
성령이 마리아에게 임했을 때 가브
리엘이 그리스도의 동정녀 탄생을
알리고 있다(하늘로부터 비치는 금
빛 광선을 따라 비둘기가 마리아에게
로 가는 것을 볼 수 있다).

이제 예수는 우리의 형제다

지금 내 마음이 얼마나 흥분되는지 모른다. 이 글을 쓰고 있는 내 팔
에 소름이 돋을 지경이다. **하나님이 우리와 함께하려고 오시다니!** 영
광의 주께서 그 누구보다 가까운 벗이 되신 것이다. 아니, 단순히 가
까운 정도가 아니다. 신랑이 되셔서 친히 자신의 사랑스런 신부와 **하
나**가 되셨다. 하나님의 아들이 하신 일 덕분에 이제 나는 감히 내가
그분의 살 중의 살이요 뼈 중의 뼈라고 말할 수 있다. 하나님은 우리
에게 전부를 주셨기 때문에 자신의 모든 것으로 우리와 나누신다.

　신약성경 시대 이후 초기에 하나님이 친히 참 사람이 되셨다는
사실을 도무지 믿지 못하는 사람들이 있었다. 그만큼 엄청난 일이기
때문에 이해하지 못하는 바는 아니다. 그러나 그들은 이런 사실을 경

이롭게 여기기보다는 그 가능성 자체를 아예 부정하면서 그리스도께서 진짜 사람이 되신 것이 아니라 사람처럼 보였기 때문에 사람들이 그렇게 생각했을 거라고 주장했다(이런 주장을 일삼았던 사람들을 "-처럼 보이다"라는 의미의 헬라어 "도케인"[dokein]을 따서 "가현설주의자"[docetics]라 불렀다). 그들은 그리스도는 영으로만 있었을 뿐이라고 했다. 그러므로 실제 사람처럼 보였을 뿐 정말 먹거나 숨을 쉬거나 죽은 것은 아니라고 했다. 그가 지나간 자리에는 발자국도 생기지 않았다는 말까지 서슴지 않았다. 심지어 근시인 제자들 앞에서 음식을 먹는 **척 했을** 뿐이라고 했다. 마찬가지로 걷는 **것처럼** 보일 때도 실제로는 거룩한 냄새처럼 세상을 떠다니는데 그렇게 보인 것뿐이라고 했다.

사도 요한은 이런 생각을 여지없이 거부하고 정죄했다. "**미혹하는 자가 세상에 많이 나왔나니 이는 예수 그리스도께서 육체로 오심을 부인하는 자라.** 이런 자가 미혹하는 자요 적그리스도니"(요이 7). 사도 요한을 뒤이어 교회의 많은 유력한 인물들이 이런 괴상한 주장과 맞섰고, 수 세기가 지나면서 예수의 인성을 부정했던 사람들은 마지못해 예수가 사람이었다는 것을 다음과 같은 식으로나마 인정했다. "예수는 아마도 사람이었을 것이다.……하지만 적어도 사람의 지성을 가졌을 리는 없다." 나지안주스의 그레고리 Gregory Nazianzen, 무술로 치면 신학 10단 정도 되는 신학자라고 할 수 있다 를 보자. 그레고리는 히브리서 2:14에서 영감을 얻었다("**자녀들은 혈과 육에 속하였으매 그도 또한 같은 모양으로 혈과 육을 함께 지니심은 죽음을 통하여 죽음의 세력을 잡은 자 곧 마귀를 멸하시며**"). 그리고 이 구절을 빗대어 "그리스도께서는 자신이 취하지 않은 것은 고치지 않으신다"고 하면서 자신의 대적들을 꼼짝 못하게 만들었다.[4] 다시 말해, 그리스도께서 우리와 같은 혈과 육을 취하신 것은 우리 몸에서 죄를 고치기 위함이라는 뜻이다. 그리스도께서는 자신의 죽음을 통해 우리 몸을 새 생명으로 이끌어 들이고 하나님께로 데려가신다. 하지만 우리의 인성 가운데 한 부분이라도 그리스도께서 취하시지 않은 것이 있다면 고침을 받을 수가 없다. 그레고리는 예수의 인성이 우리 인성의 구원을 위해 꼭 필요하다는 사실을 명확히 보았다. 간단히 말해 그리스도께서 참 인간이 아니라면 새로운 인류의 머리가 되실 수 없었다. 우리가 그의 살 중의 살이 아니라면 그분은 우리의 기업 무를 자 혹은 참 신랑이실 수 없다.

오늘날에는 이 모든 사실이 희한하고 낯설게만 보인다. 그렇지 않은가? 우리는 "예수께서 죄인을 구원하신다"는 것은 잘 안다. 그런데 "예수께서 육신을 고치신다"는 말은 우리의 편안한 동네 밖으로부터 어떤 것이 온 듯한 느낌을 준다. 하지만 그리스도께서는 우리와 같은 육신을 입고 오심으로 **우리의 육신**에 소망과 장래를 주셨다. 결국 그리스도께서는 자신이 설계하시고 선하다고 선언하신 바로 그 피조물—몸, 나무, 사자, 양 등과 같은 모든 것—을 대체하는 것이 아니라 구속하기 위해 오셨다. 하지만 이를 위해, 그리고 자기의 생명을 자신이 창조한 인성과 나누기 위해서는 **그리스도께서 친히 그 인성을 취하셔야 했다.** 그리스도 안에서만 생명을 발견하는 것은 바로 이 때문이다(요 1:4). 아담의 족속을 고치기 위해서 단순히 하늘에서 조합한 육신을 입고 이 땅에 나타나신 것만으로는 모자랐다. 아담의 혈과 육을 처음부터 고스란히 취하셔야 했다. 아담을 지으셨던 것처럼 처음부터 다시 흙에서 새로운 인류를 시작하실 수도 있었을 것이다. 하지만 그래서는 우리에게 아무런 유익이 없다. 아담의 옛 족속은 그리스도께서 하신 일과 아무런 상관없이 그대로 죄 가운데 남아 있었을 것이다. 이상하게 들릴지 모르지만 그리스도께서 우리와 한 육신이 아니면 우리의 구속도 있을 수 없다!

하나님이 친히 나시다

그래서 그리스도께서는 참된 인간이셨다. 그렇지만 우리는 그분께서 참된 하나님이셨다고도 말해야 한다. 그리스도께서 자신이 친히 취하셨던 것만을 우리와 나누실 수 있다고 할 때, 만약 그분께서 하나님이 아니라면 어떻게 우리에게 하나님의 생명을 나누실 수 있단 말인가? 참된 하나님의 독생자가 아니라면 어떻게 우리를 하나님의 자녀가 되게 하신단 말인가? 전능하신 하나님께 "아바"라고 부르짖을 확신이 없었다면 어떻게 우리에게 하나님의 보좌로 나아갈 담력을 주신단 말인가? 우리의 구원이 선한 이유는 오직 그리스도께서 그런 분이시기 때문이다. 그리스도를 하나님보다 못한 분으로 만드는 것은 복음을 하나님보다 선하지 않게 만드는 것이고, 이는 곧 하나님의 사랑을 입은 자녀로서 아버지이신 하나님을 알 수 없다는 것을 말한다.

아마 예수의 참된 인성보다도 그분의 신성을 받아들이기 어려워하는 사람들이 더 많을 것이다. 예수를 단순히 선한 사람이나 위대한 천사라고 부르면서 그분의 신성을 아예 무시하는 사람들이 있다. 하지만 예수를 그렇게 알아서는 자신을 그리스도인이라 부를 수 없다. 사도 요한이 그렇게 말한다. "거짓말하는 자가 누구냐. 예수께서 그리스도이심을 부인하는 자가 아니냐. 아버지와 아들을 부인하는 그가 적그리스도니, 아들을 부인하는 자에게는 또한 아버지가 없으되 아들을 시인하는 자에게는 아버지도 있느니라"(요일 2:22-23).

하지만 교회 역사 가운데에는 그리스도인들 중에서조차 예수를 주님이요 하나님의 영원한 아들이라 고백하기를 **부끄러워하는** 사람들이 있어 왔다. 4세기 감독이었던 몹수에스티아의 데오도르^{Theodore of} ^{Mopsuestia}를 예로 들어 보자. 그에 따르면, "예수는 **말씀이 그에게 은혜를 주었다는 것 말고는** 모든 면에서 다른 모든 사람들과 유사하다."⁵ 다시 말해 예수가 하나님의 아들이 아니라는 말이다. 성자 혹은 하나님의 말씀이 **예수라는 사람과 관계를 가져,** 그를 돕고 은혜를 주었다는 것이다. 독자들은 마음을 단단히 하시라! 이런 주장을 비웃거나 비난하기 전에 예수를 이렇게 이해할 때 복음의 모양이 어떻게 바뀌는지 보라. 예수를 이렇게 이해할 때 우리에게 구원이란 "은혜"라고 부르는 추상적인 어떤 복을 통해 약간의 격려를 얻는 것 정도에 불과하다. 즉, 데오도르에게 있어서 예수는 구원자라기보다는 우리의 모범이다. 하나님의 **도움을 받으며 살다 간** 사람에 불과하기 때문이다. 예수가 도움을 얻은 것처럼 우리도 하나님의 도움을 받기만 한다면 우리 역시 그와 같이 거룩하고 의로울 수 있다. 이를 두고 앞에서 "복음의 모양이 바뀐다"고 했는데, 이 말은 복음이 **복음 되지 못한다**

고 하는 게 좀 더 정확한 표현일 것이다. 여기서 구원이란 행위를 위한 도움 정도를 의미하기 때문이다. 또 다른 문제로, 만약 하나님이 실제로 우리 가운데 하나가 되어서 우리를 위해 기꺼이 죽기로 하지 않는다면, 그 하나님은 우리를 그토록 사랑할 수 없는 것이 분명하다. 우리에게 기꺼이 도움을 베푼다 하더라도, 그런 하나님은 분명 자기 혼자 있는 것을 더 좋아할 것이다.

데오도르가 죽은 지 얼마 지나지 않아 예수에 대한 이런 이해에 대해 논의하기 위해 에베소에 교회 지도자들이 모였다. 그러나 이런 이해는 에베소에 모인 교회 지도자들의 관심을 끌지 못했다. 오히려 예수는 하나님의 아들이시기 때문에 마리아를 일컬어 "하나님을 낳은 자"라고 할 수 있다고 선언했다. 하나님의 아들께서 육신을 입으셔서 마리아가 하나님의 성자를 잉태했다. 그리고 이로 말미암아 복음은 저들에게 전혀 다른 복음으로 남았다. 그리스도는 우리의 모범이기 이전에 무엇보다 무력한 죄인들의 구원자시다. 그리고 이런 그리스도의 구원은 저 멀리서 어떤 "은혜"와 도움을 보내 주는 하나님에 관한 것이 아니다. 바로 여기서 하나님은 **자기 자신**과 자신의 생명을 우리에게 내어주신다. **하나님**이 바로 복음이 가져다주는 복이다. 하나님이 우리와 함께하신다.

돋는 해가 위로부터 우리에게 임하여

그러므로 우리는 예수의 삶에서 놀라운 두 가지를 본다. 성부의 자비로운 마음과 뜻을 밝히 보여주시는 **하나님의 아들**과, 하나님과의 달콤한 교제 가운데 사시는 **사람의 아들**이다. 이 놀라운 광경을 "많은 선지자와 의인이……보고자……듣고자" 한 것은 결코 이상한 일이 아니다!(마 13:17)

먼저, **하나님의 아들**을 보자. 예수에 대한 복음서의 묘사 중심에는 예수께서 하나님의 아들이시라는 사실이 자리한다. 사도 요한은 이 사실 때문에 자신이 요한복음을 기록했다고 분명히 밝힌다. "오직 이것을 기록함은 너희로 예수께서 하나님의 아들 그리스도이심을 믿게 하려 함이요, 또 너희로 믿고 그 이름을 힘입어 생명을 얻게 하려 함이니라"(요 20:31). 마태, 마가, 누가는 모두 하나님의 아들이신 그분의 정체성을 드러내는 핵심 사건들을 기록한다. 아직 어렸을 때 예수께서는 자기 "아버지 집"인 성전에 머물기를 좋아하셨다(눅 2:49). 세례를 받을 때, 그리고 변화산에서 하나님은 예수를 자신의 사랑하는 아들로 선언하신다. 광야에서 시험을 받을 때 미혹하는 자는 계속해서 "네가 **만일** 하나님의 아들이어든……"이라는 말을 하며 그분을 시험했다(마 4:6). 베드로가 예수를 그리스도로 고백한 대목은 어떤가? "주는 그리스도시요 살아계신 하나님의 아들이시니이다"(마 16:16). 예수를 심문한 자들은 계속해서 그분이 하나님의 아들인지를 물었다(막 14:61-62). 예수께서 숨을 거두실 때 백부장은 그분이 어떤 분인지 알았다(막 15:39). 이런 예는 계속해서 찾아볼 수 있다.

성부의 본체이신 하나님의 영원한 아들 안에서 우리는 놀랍게도 하나님의 모습을 그대로 본다. 사실 그분은 우리와 더불어 장막을

렘브란트 「갈릴리 바다의 풍랑」(1633). "광풍을 고요하게 하사 물결도 잔잔하게 하시는도다"(시 107:29).

치기 위해 오신 하나님 자신이다(요 2:21). 그분 안에서 흑암 가운데 다시금 신령한 빛이 비춘다.

하나님의 아들에게서 우리가 발견하는 것은 무엇인가? 무익한 자기과시가 아니다. 하나님의 아들이 오심으로 우리는 모든 사람의 갈망이 이루어지는 하나님 나라가 도래하는 것을 본다. 하나님 나라의 도래는 곧 우리를 압제하는 악을 몰아내는 것을 의미한다. "그러나 내가 하나님의 성령을 힘입어 귀신을 쫓아내는 것이면 하나님의 나라가 이미 너희에게 임하였느니라"(마 12:28). 하나님 나라는 보화, 값진 진주, 혼인잔치와 같다. 그러나 이는 심령이 가난한 자들을 위한 것이다(마 5:3). 이는 병든 자들이 고침받고 죽은 자가 살아나며, 문둥병자가 깨끗하게 되고 마귀가 쫓겨나가는 것을 의미한다(마 10:8).[6] 이 나라는 자기를 낮추는 자들의 나라다(마 18:4). 이는 곧 자기 의와 악이 심판받고 일용할 양식이 베풀어지며 거절당한 자들이 환영받는 것을 의미한다. 상한 자들이 싸맴을 받고 죄를 사함받으며 만물이 새롭게 되는 일이 시작된다. 이것이 바로 그리스도인이 하나님 나라를 위해 "나라가 임하시오며"라고 간구하는 이유다! 자신의 나라를 이렇게 통치하시는 하나님은 얼마나 영광스러운가!

스가랴는 자신의 아들 세례 요한에 대해 이렇게 예언했다.

"이 아이여, 네가 지극히 높으신 이의 선지자라 일컬음을 받고 주 앞에 앞서 가서 그 길을 준비하여 주의 백성에게 그 죄 사함으로 말미암는 구원을 알게 하리니 이는 우리 하나님의 긍휼로 인함이라. 이로써 돋는 해가 위로부터 우리에게 임하여 어둠과 죽음의 그늘에 앉은 자에게 비치고 우리 발을 평강의 길로 인도하시리로다"(눅 1:76-79).

이것이 바로 우리가 예수에게서 보는 모습이다. 예수께서는 압제 아래서 속절없이 신음하는 무리에게 한없는 긍휼함을 품으신다. 문둥병자를 보고 연민 어린 탄식을 발하시고 예루살렘을 보고 우신다. 우리는 그분에게서 하나님 자신의 애정 어린 자비하심을 본다.

완전한 사람

인자의 경이로움은 항상 성부와 누리셨던 사랑의 관계를 **이제 우리에게로 가져오신** 데 있다. 그분께서 사람이 되셨을 때 처음으로 **인간**

은 성자가 성부 앞에서 그와 더불어 누리는 관계를 누리게 되었다. 예수께서는 이 땅에서 최초로 하나님과 완전한 교제를 누리며 살다 간 **인간**이시다. 그분은 마음과 뜻과 힘과 정성을 다해 하나님을 사랑하고 이웃을 자기 자신과 같이 사랑하여, 처음으로 하나님의 율법을 성취하셨다. 광야에서 시험을 당하시는 예수의 모습은 모든 다른 사람들이 시험을 마주 대하는 모습과 완전히 대비된다. 아담은 유혹자의 말을 듣고 하나님이 금하신 과일을 먹었고 이스라엘 백성은 광야에서 실패하고 사그라졌지만 그리스도는 달랐다. 하나님을 향한 사랑의 순종과 충성을 전혀 잃지 않았다. 미쁘신 인간이셨다! 이는 인간이 이 땅에 존재한 이래 처음 있는 일이었다. 그러나 사실 "미쁘다"는 말로는 예수의 이런 모습을 다 담아내기 어렵다. 예수께서는 아버지의 뜻을 행하는 것을 양식으로 삼을 정도로 아버지를 온전히 사랑하셨다(요 4:34). 아버지의 집을 향한 열심이 그분을 삼켰다(요 2:16-17). 예수께서 인간과 더불어 나누고자 세상으로 가져오신 것은 바로 성부의 아들로서 성부와 친히 누리시는 관계다.

그분의 삶은 또 어떤가! 그리스도인들은 종종 그리스도의 생애를 묘사할 때 부정적이고 차가운 단어를 사용한다. 바로 "죄 없다"sinless는 말이다. 이 말은 그분이 어떠하지 **않았다**는 것을 말해 준다. 그분은 이기적이지도, 무정하지도, 잔인하지도, 폭력적이지도, 비뚤어지지도, 인색하거나 교만하지도 **않았다**. 이렇게 그 의미를 넓혀 나가다 보면, "죄 없다"는 말은 아름답고 역동적이며 매력적이라고 생각하게 된다. 문제는 흔히 우리가 이 말을 가까이 하면 이 말은 "거

「가나의 혼인잔치」. 닐스 헤밍슨Niels Hemmingsen의 설교집(1576)에 수록된 삽화.7

룩한 사람"에 대한 우리의 고정관념 곧 거룩한 사람은 생기 없고, 단
조롭고, 몽롱하고, 연약하고, 너무도 영적이라 고통스러워한다는 생
각을 강화시킨다는 점이다.

그렇다면 예수는 어떤 분이셨는가? 그분은 결코 따분하고 무기
력한 분이 아니셨다. 사람들을 휘어잡는 매력이 있고 생명력이 넘치
는 분이셨다. 건강과 치유, 떡과 물고기 등 그분이 계신 곳에는 모든
것이 풍성했다. 예수는 주목하지 않을 수 없는 분이셨고, 주변에는
언제나 사람들로 넘쳐났다. 남자, 여자, 아이들, 병자, 정신병자, 부자,

가난한 자 등 누구 하나 가릴 것 없이 그분께로 이끌렸고 그분의 옷 깃에라도 닿고 싶어 했다. 여름보다 더 온화한 그분은 버림받은 자들의 친구가 되셨고 소망 없는 자들에게 소망을 주셨다. 부정하고 멸시받는 자들은 자신이 그분에게 있어 소중한 존재임을 알게 되었다. 인자와 더불어 먹고 마셨던 가장 가까운 친구들은 그분과 더불어 있는 것이 마치 결혼식의 신랑과 함께 있는 것과도 같다는 것을 깨달았다. 로버트 로^{Robert Law}는 이렇게 썼다.

> 그분께서 사람들 가운데로 이끌어 들인 하나님 나라의 복은 그나마 혼인잔치의 즐거움으로 비슷하게 그려 볼 수 있을 정도였다(막 2:19). 예수 자신과 그분의 제자들이 함께 있는 자리는 혼인잔치와 같았다. 그분이 신랑이셨다. 신랑이신 그분의 기쁨은 함께한 친밀한 벗들에게로 흘러갔고 금식은 잔치로 바뀌었다. 심지어 생의 마지막 순간, 갈보리를 내다보는 겟세마네 동산에서조차 여전히 그분은 슬픔이 아닌 기쁨을 말씀하셨다. 그분은 기쁨의 주시다. 그런 그가 자신의 종들을 향해 갖는 최고의 바람은 그들도 자신의 그런 기쁨에 참여하고 그 기쁨으로 넘쳐나는 것이다. 그렇지만 예수는 또한 슬픔의 사람이셨다. 그렇기 때문에 그분의 기쁨은 소중한 유업이고, 우리 영혼의 강력한 닻이다.[8]

그렇다. 예수께서는 고통으로 신음하는 세상과 함께 아파하셨지만 항상 기쁨이 넘치는 분이셨다.

인자하고도 다정한, 단단하고도 확고한 그분의 모습은 항상 놀랍기 그지없었다. 사랑이 넘쳤지만 감상적이지 않았다. 그분의 식견은 항상 사람들의 생각과 마음을 뒤흔들었다. 그분의 친절함은 사람들의 마음을 사로잡았다. 그분은 참으로 비상해서 항상 주변 사람들과 뚜렷한 대비를 이루었다. 우리는 그분을 쉽사리 정의할 수 없다. 우리는 사람을 어느 한쪽 면으로만 생각하기 때문이다. 그분은 남자답고 인간적이었지만 거칠지 않았다. 순전했지만 재미없고 따분하지 않았다. 진지했지만 위트가 넘쳤다. 그분을 시험하기 위해 찾아온 모든 자들의 허구를 잘린 유리보다도 더 날카롭게 드러내셨지만 논쟁 자체를 위해 그렇게 하시지는 않았다. 스스로 아무런 흠도 없었지만 지극히 겸손하셨다. 스스로에 대해 어느 인간도 감히 할 수 없는 주장을 하셨지만 거드름을 피우는 기색이라고는 찾아볼 수 없었다. 성전을 뒤엎고 헤롯을 여우라고 하며 바리새인들을 회칠한 무덤이라 할 정도로 말에 거침이 없었지만 그분의 생애를 읽어보면 그분의 사랑을 의심할 여지가 조금도 없다.

그분은 광대한 마음으로 악을 미워하고 궁핍한 자들을 불쌍히 여기셨다. 하나님을 사랑하고 사람들을 사랑했다. 그분을 보면 "여기에 진정 생명력 있는 사람, 누구보다도 활력이 넘치고 완전하며 **인간적인** 사람이 있다"라고 말하지 않을 수 없다.

기름부음을 받은 자

문제는 어떻게 그렇게 되느냐는 것이다. 새롭게 된 인간이 가진 하나

인간 안에 있는 하나님의 생명

예수 안에서 우리가 보는 것은 **인간 안에 있는 하나님의 생명**이 경이롭게 발산되는 모습이다. 이것이 바로 하나님의 생명의 어떠한지 보여주는 것이다. 영원한 하나님의 아들은 항상 이런 사랑, 순전함, 생명력으로 특징지어졌다. 이제 그분께서 자신의 생명을 우리에게로 가져와 새로운 인간의 맏아들이 되셨다. 그분은 완전한 인간이 어떠한지 보이시는 분이다. 인자에게서 새로운 인간의 정체성과 특징이 고스란히 드러난다.

그리스도 안에서 발견된 자들은 자신이 그와 같이 사랑받는 것을 발견한다(이것이 바로 그들의 새로운 상태다). 성부께서 기쁨과 즐거움으로 자신의 완전한 아들을 보시는 것처럼, 동일한 기쁨과 즐거움으로 자기 아들 안에 있는 자들을 보신다. 우리가 아담의 죄악된 상태로 태어난 것처럼, 신자들은 성자의 의롭고 사랑받는 상태로 거듭난다. 성자께서는 우리를 **위해** 사셨고, 그분의 의로운 삶은 우리의 것이다.

그리스도 안에서 발견된 자들은 그분처럼 **사랑하는** 자신을 발견한다(이것이 바로 그들의 새로운 성품이다). 성자의 성품에 참여하여 그분의 새로운 인류가 된 우리는 그리스도와 마찬가지로 하나님과 이웃을 사랑하고 악을 미워한다. 그리고 그분과 마찬가지로 우리 역시 더욱 **생명력 있게** 살아간다.

님의 생명은 어디로부터 오는가? 이 물음에 대해서는 이미 가브리엘 천사가 마리아에게 그리스도의 출생을 고지하면서 대답했다. "천사가 대답하여 이르되 **성령**이 네게 임하시고 지극히 높으신 이의 능력이 너를 덮으시리니, 이러므로 나실 바 거룩한 이는 하나님의 아들이라 일컬어지리라"(눅 1:35). 성자나 하나님의 말씀은 결코 성령의 능력과 상관없이 단독으로 역사한 적이 없다(하나님의 말씀이 성령으로 말미암아 흑암 속에 발하는 창세기 1장의 예에서 볼 수 있는 것처럼). 시편 33:6이 노래하는 것과 마찬가지다. "**여호와의 말씀으로** 하늘이 지음이 되었으며 그 만상을 그의 **입 기운**으로 이루었도다." 그리고 항상 그래 왔던 것처럼 말씀이 육신이 될 때도 다르지 않았다. 그리스도께서 하신 모든 일은 성령의 능력 가운데 이루신 것이다.

성령의 능력으로 잉태되고 태어나신 그분은 성령의 능력 가운데 사람으로 살고 행하셨다. 요단강에서 세례를 받으실 때 성령이 그에게 부어졌다. 창세기 1장에서 그를 생명 없는 공허함으로 보내신 것과 마찬가지로 성령께서는 다시 그를 황무한 광야로 이끄셨다. 성령의 능력 가운데 갈릴리로 돌아온 그분은 나사렛 회당에서 이사야 61장의 말씀으로 자신의 사역을 선포하고 정의하셨다. "**주의 성령이 내게 임하셨으니**, 이는 가난한 자에게 복음을 전하게 하시려고 내게 기름을 부으시고 나를 보내사 포로 된 자에게 자유를, 눈먼 자에게 다시 보게 함을 전파하며 눌린 자를 자유롭게 하고 주의 은혜의 해를 전파하게 하려 하심이라"(눅 4:18-19). 각색 병자들을 고치셨고 선을 행하셨으며 귀신을 쫓아내셨다. 모두 성령의 능력으로 행하신 것이다(마 12:28, 행 10:38). 나중에는 성령을 힘입어 십자가에서 자신을 희생제물로 바치시고(히 9:14) 성령의 능력으로 죽은 자 가운데서 다시 살아나셨다(롬 8:11).

구약성경에서 왕들과 제사장들, 심지어 선지자들은 성령의 기름 부음을 상징하는 순전한 기름부음을 통해 각자의 사역을 위해 구별되었다(혹자는 이 기름을 일컬어 "즐거움의 기름"이라고 한다. 시편 45:7을 보라). 이스라엘의 참된 왕, 다윗의 자손, 만왕의 왕(요 1:49), 큰 대제사장(히 4:14), 오래전부터 예언된 선지자이신(신 18:5) 예수께서 성령으로 기름부음을 받으셨다. 그분이 바로 그 기름부음받은 자(히브리어로 "메시아", 헬라어로는 "그리스도")시다. 그분은 생명시냇가에 심긴 열매가 무성한 생명나무시다(시 1편).

그리스도께서는 성령 안에서 풍성한 삶을 사는 인간의 모습이 어떠한지 보여주신다. 그분은 성령 충만한 새로운 인간의 머리시다. 그분 안에 있는 모든 인간은 그분께서 받으신 기름부음을 함께 나눈다. 그분께 참여한 새로운 인간은 그분과 마찬가지로 "혈통으로나 육정으로나 사람의 뜻으로 나지 아니하고 오직 하나님께로부터 난 자들"이다(요 1:13). 그리스도 안에서 거듭난 우리는 동일한 생명수를 마시고, 그분의 차고 넘치는 생명과 사랑과 더불어 흐르기 시작한다.

"기록된 바 첫 사람 아담은 생령이 되었다 함과 같이 마지막 아담은 살려 주는 영이 되었나니 그러나 먼저는 신령한 사람이 아니요 육의 사람이요 그 다음에 신령한 사람이니라. 첫 사람은 땅에서 났으니 흙에 속한 자이거니와 둘째 사람은 하늘에서 나셨느니라. 무릇 흙에 속한 자들은 저 흙에 속한 자와 같고 무릇 하늘에 속한 자들은 저 하늘에 속한 이와 같으니 우리가 흙에 속한 자의 형상을 입은 것 같이 또한 하늘에 속한 이의 형상을 입으리라"(고전 15:45-49).

3

저리로서 다시 오실 그리스도

영광 중의 왕

결혼식에서 신부는 신랑에게 "내 모든 존재를 당신께 드리고 내가 가진 모든 것을 당신과 나누겠습니다"라고 고백한다. 심오한 신비가 담긴 고백이다. 하지만 나는 지금 그리스도의 십자가에 대해 말하고 있다. 우리는 이 십자가에서 우리가 가진 **모든 것**을 그리스도와 나누었다. 그리스도께서는 마리아에게서 태어나셨기에 이미 우리와 동일한 혈과 육을 가지고 이 땅에 오셨다. 십자가에서 우리는 모든 죄와 사망과 수치를 그리스도께 드렸다. 사랑으로 충만한 신랑이 자기 신부의 슬픔과 질고를 지고 죽음으로 내려가셨고 거기서 그것들을 장사지내셨다.

　　자신의 신부에게 매혹된 왕이 그녀를 궁전으로 맞아들이는 시편 45편에서 우리는 혼인날에 들리는 서정시를 볼 수 있다. 이 시편은 아마도 이스라엘 왕실의 많은 혼인식들 가운데 하나에서 사용되었을 것이다. 그러나 이 시편이 묘사하고 있는 왕은 여느 왕과는 다르다. 이 왕에 대하여 시편은 "**하나님이여**, 주의 보좌가 영영하며"라고 한다(6절). 이 시편에서 신랑으로 묘사되는 왕은 기름부음을 받은 성자 하나님이시다(히 1:8-9). 또한 이 시편은 문자적으로 신랑인 이 왕이 "사람들보다 아름답다"고 고백한다(2절). 물론 성자 예수는 영원토록 흠이 없는 아름다움의 화신이시다.

하지만 이토록 아름다운 왕이 자기 신부를 위해 십자가에 달려 만신창이가 되었다. "보라, 내 종이 형통하리니 받들어 높이 들려서 지극히 존귀하게 되리라. 전에는 그의 모양이 타인보다 상하였고 **그의 모습이 사람들보다 상하였으므로 많은 사람이 그에 대하여 놀랐거니와**"(사 52:13-14). 수염이 다 뽑히고 매를 맞으며, 침 뱉음을 당하고 채찍과 창으로 찢기고 찔려 그 몸은 피로 범벅이 되었다. 그만의 아름다움으로 그토록 눈부시던 왕이 차마 눈뜨고 볼 수 없을 정도로 끔찍하게 일그러졌다. 하지만 이때야말로 이 왕의 아름다움이 가장 극명하게 드러난 순간이었다. 이사야는 계속해서 이렇게 말한다. "그는 실로 **우리의** 질고를 지고 **우리의** 슬픔을 당하였거늘 우리는 생각하기를 그는 징벌을 받아 하나님께 맞으며 고난을 당한다 하였노라. 그가 찔림은 **우리의** 허물 때문이요 그가 상함은 **우리의** 죄악 때문이라. **그가** 징계를 받으므로 **우리는** 평화를 누리고 **그가** 채찍에 맞으므로 **우리는** 나음을 받았도다"(사 53:4-5). 신랑인 왕이 자기 신부를 향한 순전하고 한없는 사랑으로 그녀의 죄로 초래된 모든 죄책과 질병을 친히 담당했다.

이 순간 물리적으로는 가장 끔찍하게 일그러진 그리스도가 우리에게는 가장 사랑스럽게 다가온다. 리처드 십스는 "자기 교회를 위해 가장 처참하게 일그러졌던 바로 그때, 그리스도는 교회에 가장

루카스 크라나흐Lucas Cranach the Elder 「그리스도의 십자가」(1502)

사랑스러운 모습이었다"라고 썼다.[1] 그리스도께서는 기꺼이 우리의 사망과 질고를 담당하고 죽으심으로 자기 신부를 향한 활기차고도 열렬한 사랑을 계시하신다. 신랑의 이런 사랑에 감격하여 가슴이 벅차오르는 것은 비단 우리만이 아니다. 성부께서는 영원 전부터 자기 아들을 최고로 기뻐하셨고, 예수께서 십자가에서 자신의 성품을 증거하실 때에는 그 기쁨이 흘러넘쳤다. "내가 내 목숨을 버리는 것은 그것을 내가 다시 얻기 위함이니 이로 말미암아 아버지께서 나를 사랑하시느니라"(요 10:17). 우리의 마음과 마찬가지로, 하늘에 계시는 성부의 마음 역시 자기 아들의 미쁘심과 사랑으로 인한 즐거움으로 뜨겁게 타올랐다.

이 모든 사실은 그리스도가 달리신 십자가가 다름 아닌 아이러니와 역설로 가득한 자리였다는 것을 말해 준다. 이 십자가에서 가장 아름다운 이가 수치를 당하셨다. 가장 거룩하신 이가 두 범죄자 사이에 계셨다. 존귀하고 전능하기 이를 데 없는 이가 십자가에 달리셨다. 속절없이 죽임을 당하기 위해서다. 자신의 영원한 생명과 전혀 다른 모양으로 십자가에 달리신 바로 그날, 예수께서는 자신이 누구며 어떤 존재인지를 가장 극명하고도 결정적으로 증명하셨다. 그 자리에서 모든 광경을 바라보던 백부장은 이렇게 외쳤다. "이 사람은 진실로 하나님의 아들이었도다"(막 15:39). 병사들은 가시로 된 관을 머리에 씌우고 자색 옷을 그에게 두른 뒤 "경배"했다. 빌라도는 그분께서 달리신 십자가 위에 "나사렛 예수 유대인의 왕"이라는 명패를 써 붙였다(요 19:19). 그들은 각자가 아는 것보다 훨씬 더 합당하게 말하고 행동했다. 조롱하는 와중에도 마찬가지였다. 그리고 그들의 말은 모두 옳았다. 그 자리에 달렸던 이는 바로 하나님의 아들 **자신**이었다. 심지어 형을 집행하던 이방인소차 이 사실을 느꼈다. 십자가에서 우리는 죽기까지 신부를 사랑한 신랑을 본다. 자기 생명을 내어주신 영광의 주를 본다. 사탄의 머리를 밟으신 만군의 여호와를 본다. 보좌에 등극하신 왕을 본다. **예수**("주께서 구하신다")를 본다. 수난일에 대한 정교회 송가가 이를 잘 노래한다.

> 옷을 입은 것처럼 빛을 입으신 이가
> 벌거벗겨진 채 심판정에 세워지셨다.
> 친히 지으신 사람들의 주먹이
> 그 뺨을 때렸다.

"오직 십자가가 우리의 신학이다"

종교개혁자 마르틴 루터의 말이다. 결국, 그날 골고다에서 실제로 십자가에 못 박히신 이가 임마누엘—하나님이 우리와 함께하신다—이라면 하나님이 어떤 분이신지에 대해 우리는 심각하게 다시 생각해 보아야 한다. 도대체 하나님이 어떤 분이시기에 우리를 위해 친히 피를 흘리고 죽으셨단 말인가? 이 하나님은 내가 마음 가는 대로 자연스럽게 생각해 내는 최고의 존재와 같은 부류가 아니다. 우리는 안락의자에 편하게 앉아서 하나님을 자신과 같은 존재로 가정하기 일쑤다. 물론 나보다야 더 낫겠지만 기본적으로 나와 비슷한 존재일거라 생각한다. 제정신이 아니다. 그러다가 십자가를 바라보면, 십자가는 마치 심장 세동 제거기와 같이 부정맥에 걸린 내 정신이 제대로 돌아오도록 만든다.

십자가에서 하나님의 영광, 지혜, 의로움, 사랑, 정의, 능력이 드러난다(고전 1:18-31). 그중 어느 것 하나도 당신이 추측하거나 예상할 수 있는 것이 아니다. 십자가에서 못 박혀 죽은 이가 다름 아닌 사랑의 의미라고 생각해 본 적이 있는가? 이 십자가를 통하지 않고서는 사랑을 알 수 없다(요 3:16). 그분께서 받으신 불의한 재판을 보고 그 자리야말로 하나님의 완전한 정의가 현저하게 드러난 자리라고 생각해 본 적이 있는가? 실제로 그 자리는 다름 아닌 하나님의 의로우심이 현저하게 드러난 자리였다(롬 3:26). 전능하신 하나님이 두 흉악범 사이에서 십자가에 달리심으로 자신의 능력을 결정적으로 드러내실 것을 상상이나 했는가? 죽음의 고통에 신음하며 맥없이 달리신 그분의 모습은 능력과는 **상관없는 것처럼 보인다.** 하지만 그렇게 매달리신 자리에서 그분께서는 사탄의 머리를 밟으시고 강한 자를 결박하시며, 어둠의 세상 주관자들을 몰아내시고 사망을 멸하시며, 악한 영들이 수치를 당하게 하시고 그들을 정복하셨다. 바로 이 십자가에서 우리는 하나님께 항상 있는 참되고 순전한 능력, 바로 복 주시는 능력을 본다. 톰 토렌스는 말한다. "놀라운 온유함과 인내와 긍휼을 담은 십자가는 결코 수동적인 행동이나 고상한 영웅주의가 아니다. 이제까지 천지에 있었던 일 가운데 가장 강력하고도 적극적인 행위다. 인간의 비인간성, 악의 압제, 죄로 말미암은 모든 모순에 대한 하나님의 거룩한 사랑의 반격이었다."[2]

　　아담은 하나님이 금하신 나무에서 지식을 구하다 죽었다. 그리스도께서는 자신이 달린 나무에서 죽으셨고 우리를 위해 훨씬 더 놀라운 완전한 지식을 획득해 주셨다. 하나님을 아는 지식이 그것이다. 다시 말해, 십자가에서 우리는 감미로운 하나님의 **구원**뿐 아니라 우리의 직관에 반하는 하나님의 **계시**를 발견한다. 십자가에서 우리는 살아 계신 하나님이 얼마나 겸손하신지, 얼마나 자기를 내어주시는지, 얼마나 완전하게 자비롭고 사랑이 많으신지를 본다. 루터가 모든 사람이 십자가 그늘 밑에서 하나님을 생각해 보기를 원했던 것도 바로 이 때문이다.

　　사실 우리의 생각은 온통 자기 자신에게로 쏠려 있다. 십자가는 우리에게 하나님을 알게 할 뿐 아니라 동시에 우리가 쓰고 있는 가면을 벗겨 낸다. 그분의 빛이 우리의 어두움을 드러내 보인다. 이 일은 먼저 예루살렘의 군중들에게 일어났다. 결백하면서도 잠잠히 있는 그분에 의해 피에 굶주린 저들의 변덕과 죄책이 낱낱이 드러났다. 우리도 예외가 아니다. 영광을 버리고 골고다에까지 낮아지신 하나님의 아들의 겸손으로 우리가 가진 교만이 얼마나 어리석고 보잘것없으며 추악한지 적나라하게 드러난다. 그리스도께서 자신의 능력을 발휘하시는 모습에 우리는 자신이 가진 몇푼도 안 되는 능력을 얼마나 지독하게 악용하는지가 여실히 드러난다. 그분께서 보여주신 한없는 친절을 통해 우리가 가진 지저분한 이기심이 확연히 드러난다. 그분의 은혜로우심이 우리를 심판한다. 구원을 위한 그분의 오심이 우리가 처한 곤경과 필요를 드러낸다. 십자가에서 우리는 하나님의 선하심뿐 아니라 자신의 타락상을 절감한다.

불법의 무리가

영광의 주를 십자가에 못 박았다.

궁창에 이 땅을 매다신 이가

오늘 친히 나무에 달리셨다.

천사들의 왕이신 이가

가시관을 쓰셨다.

구름으로 하늘을 두르신 이가

자주색 옷을 그 몸에 두르고 조롱을 당하셨다.

십자가를 **그리스도와 상관없는** 냉정한 거래처럼 취급함으로 그 영광을 박탈해 버리기 쉽지만, 십자가에 못 박히신 그리스도야말로 바로 십자가의 영광이시다. **우리가 그리스도를 갖도록**, 그리스도께서는 전능하신 자애로움으로 십자가에서 우리 죄를 짊어지시고 사망을 이기신다. 그렇게 십자가의 메시지 가운데 이 땅에서 들리심으로 모든 사람을 자기에게로 이끄실 것이다(요 12:32).

내가 그리스도와 함께 십자가에 못 박혔나니

이처럼 그리스도께서 우리가 당하지 않은 고통을 당하시고 우리가 죽어야 할 자리에서 죽으셨다. 하지만 그분은 마지막 아담, 새 인류의 머리셨다. 그러므로 아담 안에서 태어난 모든 사람이 아담의 죽음

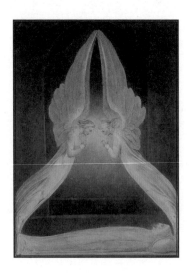

윌리엄 블레이크 「천사들의 보호를 받는 장사된
그리스도」(1805)

에 참여한 것처럼, 그리스도 안에서 거듭난 모든 사람 역시 그리스도
의 죽음에 참여한다. 그리스도의 몸의 지체인 모든 사람은 그분께서
친히 몸으로 겪으신 일을 경험한다. **우리는 그분과 함께 죽었다.** 우리
의 옛 사람은 살해되고 창에 찔린 채 그리스도와 함께 장사되었다(골
2:12, 롬 6:3). 지금부터는 우리가 지은 죄가 아닌 그분의 죽음이 우리
의 과거다.

　이는 자기 확신이라는 미덕을 바탕으로 한 우리 사회의 가혹한
요구로부터 벗어나는 크나큰 자유와 위로를 의미한다. 자기 확신이
라는 말이 참 바르고 근사하게 들린다는 것을 잘 안다. 약기운이 얼
마나 갈지 모르지만, 어쨌든 자기 확신이라는 것은 마치 자아를 위한
카페인과 같다. 하나님 앞에서 자기 확신을 가지려고 하는 사람은 유
감스럽게도 감정의 요요현상을 면하기 어렵다. 교회당에 가서 기도

십자가 앞에서 순례자의 죄짐이 벗어졌다.

하는 일요일에는 활발하다가도 월요일이 되면 다시 침체되기를 반복한다. 자신이 무엇을 하고 어떻게 느끼는가에 따라 하나님의 은혜 안에 있거나 밖에 있다고 계속 생각할 것이기 때문이다. "하나님은 나를 사랑하시지. 아니야, 그분은 나를 사랑하시지 않아"(무엇을 잘 했을 때는 "하나님은 나를 사랑하시지", 실패할 때는 "그분은 나를 사랑하시지 않아"라는 식이다). 자기 확신을 토대로 하나님을 대하는 사람들은 이렇게 안쓰러운 요요현상을 피할 수 없다.

십자가에 비추어 보면 자기 자신을 의지하는 일은 우리의 선택 사항이 아니라는 것을 알게 된다. 자신을 얼마나 대단하게 생각하든 십자가는 우리를 죄인으로 선언하시는 하나님의 평결이다. 십자가는 심지어 우리 자신을 의지할 최소한의 가능성조차 근절해 버린다. 우리 자신이 아니라 그리스도라는 든든한 반석에 닻을 내릴 때 비교할 수 없이 큰 확신을 얻는다는 말이다. 그리스도인은 자신의 **악함과 선함**에 대한 주장을 모두 포기하고 그 대신에 **그리스도**를 가진 자다. 그렇기 때문에 바울은 자기 확신에 근거하지 않은 모든 담대함으로 다음과 같이 쓸 수 있었다. "내가 그리스도와 함께 십자가에 못 박혔나니 그런즉 이제는 내가 사는 것이 아니요 오직 내 안에 그리스도께서 사시는 것이라"(갈 2:20). "그러나 내게는 우리 주 예수 그리스도의 십자가 외에 결코 자랑할 것이 없으니 그리스도로 말미암아 세상이 나를 대하여 십자가에 못 박히고 내가 또한 세상을 대하여 그러하니라. 할례나 무할례가 아무것도 아니로되 오직 새로 지으심을 받는 것만이 중요하니라" 하는 선언도 이와 다르지 않다(갈 6:14-15). 그리스도 안에 있었던 그였기에 자신이 그리스도와 함께 장사되었다는 것을 알았다. 바로 여기서 스스로에 대한 모든 자랑은 할 말을 잃는다. 그는 정죄받았다. 더 나아가, 실제로 그는 그리스도의 죽음 안에서 자신이 받아야 할 **모든** 정죄를 감당했다.

마르틴 루터는 언젠가 죄책과 실패로 씨름하고 있던 젊은 친구에게 편지를 썼다.

마귀가 우리가 지은 죄들을 우리 앞에 던지며 죽어서 지옥의 형벌을 당하는 것이 마땅하다고 고소하고 정죄할 때 우리는 이렇게 말해야 하네. "내가 죽어서 지옥의 형벌을 받아야 한다는 것은 인정한다. 그래서 어쩌라는 말인가? 내가 영원한 정죄를 선고받아야 한단 말인가? 결코 그럴 수 없다. 내게는 나를 대신해 정죄를 당하시고 그에 따른 모든 요구를 만족시키신 분이 계시다. 그분의 이름은 하나님의 아들 예수 그리스도시다. 그분이 계신 곳이 곧 내가 있을 자리다."[3]

이것이 바로 자신의 실패와 고소자의 속삭임에 시달리는 그리스도인을 위한 답변이다. 자신의 노력이나 변화로 더 이상 우리를 정의할 수 없음을 알기에, 우리는 하나님의 환심을 사기 위해 십자가의 사역과 공로 위에 무엇을 덧대거나 행실을 똑바로 하여 죄책을 없애려고 하지 않고 기꺼이 자신의 죄를 자백할 수 있다. 그리스도 안에서 새로운 사람이 되었기 때문이다. 그리스도와 함께 죽은 우리는 새 생명 가운데서 지금 그리스도께서 계신 곳에 함께 있게 될 것이다.

죽은 자들 가운데서 먼저 나신 이

예수께서 세례 요한에게 세례를 받으실 때 하늘이 열리고 성부 하나님은 자기 아들을 향한 순전한 기쁨을 알리셨다. 그리고 이제 성자께서 십자가 죽음을 통해 성부를 향한 사랑을 완전히 나타내셨을 때 성부께서는 자신의 독생자를 죽은 자들 가운데 그대로 내버려두실 수 없었다. 그래서 성부께서는 성령을 통한 능력으로 성자를 하나님의 아들이요(롬 1:4) 생명에 완전히 합당한 자로 선언하시는 가운데(딤전 3:16) 성자의 무죄—또는 **의로움**—를 입증하셨다.

이 가장 위대한 선언으로 새로운 창조의 시작, 세상이 창조된 이래 가장 위대한 사건이 도래했다. 사망을 이기고 무덤에서 나온 성자는 아담의 옛 질서—무질서라고 하는 것이 맞을 것이다—를 뒤집으셨다. 사망과 부패의 지배가 종식되고 다시 살아난 인간은 이제 육신과 영혼 모두 옛 아담의 저주가 전혀 미치지 못하는 곳에 자리하게 되었다. J. R. R. 톨킨^{Talkein}은 이 순간을 **"선한 대격변"**^{eucatastrophe}이라 불렀다. 사실 "있을 수 있는 최고의 선한 대격변"이다. 다시 말해, 대격변의 사건인 부활은 재앙이 아닌 **복된** 대격변이다. 더 정확히 말해 선한 대격변은 "우리가 기쁨의 눈물을 왈칵 쏟게 하는, **예기치 않은 행복한 반전이다.**……원인과 결과라는 사슬과 사망의 올무에 매여 신음하던 당신의 모든 본성이, 마치 탈구되었던 주요 신체가 '투둑' 하고 다시 들어맞았을 때처럼, 예기치 않은 안도감에 젖어드는 것처럼 말이다."⁴

아담의 죄책이 사망을 초래했던 바로 그 자리에 그리스도의 의로우심으로 인한 승리의 삶이 도래했다. 우리의 죄를 담당했음에도 사망이 더 이상 그분을 붙잡아 둘 수 없었던 것을 보면 그분 안에는 우리 안에 있는 죄보다 더 큰 의로움이 있었던 것이 분명하다. 그리스도께서 죄와 사망을 취하여 죽음으로 내려가셨기 때문에, 사망은 더 이상 그분에게 요구할 수 없었다.

예루살렘에 있던 평범한 무덤은 새 창조의 모태가 되었다. 이 무덤에서 풍성한 추수의 첫 열매요 죽은 자 가운데 먼저 나신 이의 부활이 이루어졌다. 아담 안에 있는 연약하고 부패하는 몸이 부활로 말미암아 이제 승리하고 부패하지 않을 몸을 입었다. 체스터턴은 "사흘째 되던 날에 대해" 이렇게 썼다.

루카스 크라나흐 「부활하신 주」(1558)

새벽 미명에 무덤으로 온 그리스도의 친구들은 입구를 막았던 돌이 굴려져 있고 무덤이 빈 것을 발견했다. 그들은 여러 정황으로 보아 무언가 새롭고 기이한 일이 일어났다는 것을 알았다. 하지만 그들조차 간밤에 세상이 죽었다는 사실을 깨닫지 못하고 있었다. 게다가 지금 자신들이 새 하늘과 새 땅을 가진 새 창조의 첫날을 대면하고 있다는 사실을 전혀 알지 못했다. 저녁이 아니라 새벽 미명에, 서늘한 바람이 이는 가운데 동산지기의 모습을 하신 하나님이 다시 동산을 거닐고 계신 것 역시 알지 못했다.[5]

참으로 경이로운 새 시작이었다. 새 에덴과 같이 이전에 하나님이 좋았더라고 선언하셨던 모든 것이 다시 세워졌다. 한 인간—물론 하나님이신 인간—이 하나님과의 완벽한 조화를 누리며 만물을 다스리는 자로서 동산을 거닐고 계셨던 것이다. 거기에는 죽음의 위협도, 선한 모든 것을 파멸로 이끄는 뱀의 위험도 없었다. 승리가 사망을 집어 삼켰다. 뱀의 머리가 부서졌다. 아담의 저주로 오랫동안 신음하던 온 피조물이 이제 그분 생명의 온전한 영향을 맛보기를 사모함으로 기다린다. 죽은 자 가운데서 처음으로 부활하신 그리스도는, 피조물이 썩어짐에 종노릇한 데서 해방되어 하나님의 아들의 영광스런 자유에 이르는 것에 대한 보증이기 때문이다(골 1:18, 롬 8:21).

여호와 우리의 의

새 사람의 머리이신 이가 죄 없다고 확증되었다는 사실이 무엇을 의미하는지 생각해 보라. 옛 사람의 머리인 아담이 죄인으로 전락했을 때 아담 안에서 모든 사람이 그와 같은 처지가 되었다. 그는 사망의 첫 열매였다. 성자께서 자기 아버지로부터 의롭다 함을 받으시고 생명에 합당한 것으로 선언되셨을 때, 그분께서는 **우리를 의롭다 하시기 위하여 살아나셨다**(롬 4:25). 그 안에서 모든 사람이 부활절 아침에 그분이 받으신 생명의 칭의에 참여한다. 그분은 삼일 만에 다시 살아나신 의와 생명의 첫 열매시다. 그분의 모든 씨가 **그분 안에서** 동일한 운명을 나눈다. 우리는 그 안에서 새 생명을 받고 하나님의 의가 된다(고후 5:21).

　이런 모든 사실 때문에 복음은 더욱 풍성하고 감미롭게 다가온다. 이 복음을 하나님이 나를 "마치 아무 죄도 짓지 않은 것처럼" 대하는 정도로 칭의를 말하는 맥도날드 신학^{McTheology}과 비교해 보라. 나도 초신자일 때 칭의를 그렇게 이해했다. 내가 처음 그리스도를 의지했을 때 나는 하나님이 나의 모든 죄를 사해주셨다고 믿었고 그 사실이 황홀했다. 내가 죄 없이 깨끗한 상태가 된 것이다. 정말 기뻤다. 문제는 다시 죄로 더럽혀지기까지 그리 많은 시간이 걸리지 않았다는 사실이다. 이렇게 다시 지은 죄들을 하나님은 어떻게 하셔야 했는가? 내가 **다시** 칭의를 받아야 했는가? 물론 그런 죄들은 그리스도인으로 살아가는 내 **즐거움**을 훼방하는 주요한 문제였고 그것은 지금도 다르지 않다. 그러나 다시 칭의를 받아야 한다고 생각한다면 이는 그리스도인으로서 새로운 정체성을 누리지 못하고 있다는 사실을 말해 줄 뿐이다. 그리스도인이란 **그리스도 안에서 의로운 자**이기 때문이다. 나의 행위, 느낌, 심지어 나의 신실함 때문도 아니다. 그리스도 때문이다. **그분이** 나의 의로움이시다(고전 1:30). **그분이** 하나님 앞에서 나의 모습이고 상태시다. 어제나 오늘이나 영원토록 동일하시다. 존 칼빈은 창세기 27장의 야곱 이야기를 가지고 이 사실을 설명한다.

스스로 장자의 권리를 얻을 자격이 없었던 야곱은 장자의 복을 자기 것으로 삼기 위해 그의 형 에서의 체취가 남아있는 옷과 겉옷을 취해 자기 아버지의 마음을 얻었다(27절). 우리 역시 하나님 앞에서 의로움을 증거하기 위해 우리의 맏형인 그리스도의 존귀한 순전함을 입는다.……하나님의 얼굴 앞에서 그리스도의 구원에 합당한 자로 드러나기 위해서는 향기로운 그리스도의 냄새가 나야 하고, 우리의 악은 그분의 의로운 옷에 자취를 감춰야 한다.[6]

다시 말해, 우리는 자신의 의가 아닌 그리스도의 의로 **옷 입었다**. 아담과 하와가 하나님이 마련하신 첫 희생제물의 가죽으로 옷 입었던 것처럼(창 3:21), 그리스도인들은 그리스도로 옷 입었다. 우리의 노력으로 만든 무화과나무 이파리로 자신을 가린 채 하나님을 대면하는 대신 **그리스도 안에서** "우리의 악을 그분의 완전함으로 가린 채" 성부 앞에 나타난다. 이는 우리가 "죄" 꾸러미를 예수께 던지고 예수께서는 자기 의를 우리 머리 위로 펼친다는 식으로 그리스도인들이 어리석게 상상해 내는 허튼소리가 아니다. 우리는 그리스도의 의로 옷 입었다. 의의 첫 열매인 **그리스도 안에** 우리가 있기 때문이다. 이는 칼빈이 말한 것과 같다. "따라서 우리는 그리스도의 의가 선가뇌도록 우리 밖 저 멀리에 있는 그리스도를 묵상하는 것이 아니다. 우리는 그리스도를 입었고 그분의 몸에 접붙여졌기 때문이다. 그분께서 친히 우리를 자신과 하나가 되게 하셨기 때문이다."[7]

　어떻게 사람이 삶을 다스리게 되는가? 자신의 경건을 통해서 되는 게 아니다. 예수께서는 **"내가 살아 있고 너희도 살아 있겠음이라"** 하고 말씀하신다(요 14:19). 내 운명은 내가 속한 몸 혹은 인성의 머리 되신 이로 말미암아 결정된다. 자신의 정체성을 알기 위해서는 자신의 머리가 누구인지 보면 된다. 내가 아담에 속해 있다면 아담의 죄책을 지고 그의 죽음이 곧 나의 운명이 된다. 그리스도께 속해 있

게리트 빌렘즈 호스트 Gerrit Willemsz Horst 「야곱을 축복하는 이삭」(1638)

다면 그리스도의 의로움과 생명이 내 것이 된다. 그렇다면 그리스도 인은 아무리 약하더라도 **누구나** 찰스 웨슬리Charles Wesley 와 함께 담대히 외칠 수 있다.

이제 나는 어떤 정죄도 두렵지 않다.

예수, 그리고 그 안에 있는 모든 것이, 내 것이기 때문이다.

살아 계신 나의 머리, 그리스도 안에 내가 살고,

그분의 의로 옷 입고,

영원한 보좌로 담대히 나아가,

나의 그리스도를 힘입어, 면류관을 받아 쓴다.

내 사랑하는 자는 내게 속하였고 나는 그에게 속하였도다

부활하신 예수께서는 새 생명의 처음 난 자요 첫 열매일 뿐 아니라, 아담과 마찬가지로 자신의 운명을 신부와 함께하는 신랑이다. 은혜로만 받는 참된 구원을 묘사하는 성경적 이미지를 찾던 종교개혁자들은 특별히 그리스도를 신랑으로 말하기를 좋아했다. 물론 신랑으로서의 이미지는 성경에서 어렵지 않게 찾을 수 있었다. 호세아서와 아가서는 책 전체에 걸쳐서 "너를 지으신 이가 네 남편이라"는 진리를 펼쳐 보인다(사 54:5). 선지자들은 출애굽 이야기를 상기시키면서 여호와께서 자기 신부를 구원하시는 것으로 묘사하곤 했다(겔 16장, 아 8:5). 성경은 대개 이스라엘 백성들이 보여주는 부정함을 일컬어 "간음"이라는 말을 사용한다. "어린양의 혼인 기약이 이르렀고 그의 아내가 자신을 준비하였을" 때가 바로 만물의 끝이다(계 19:7).

마르틴 루터는 복음을 "소문이 좋지 않은" 비천한 여인(우리를 말한다)과 결혼하는 왕(예수를 나타낸다)의 이야기로 말하면서 종교개혁자들 가운데 처음으로 이 주제를 언급했다. 이 결혼에서 신부는 신랑에게 "내 전부를 당신께 드리고 내가 가진 모든 것을 당신과 나눕니다"라고 한다. 바로 그때 신랑은 "내 전부를 당신에게 주고 내가 가진 모든 것을 당신과 나눈다"라고 화답한다. 이 결혼을 통해 이 비천한 여인은 왕비가 되고 온 나라가 그녀의 것이 된다. 마찬가지로,

우리의 위대한 신랑은 우리의 모든 죄와 죽음과 심판을 담당하시고, 우리와 더불어 자신의 모든 생명과 완전한 의를 나누신다. 자신의 부요함을 우리와 나누기 위해 가난하게 되셨다. 결혼으로 인한 위대한 교환이 일어난다. 루터는 이것을 일컬어 "환희에 찬 교환"joyful exchange 이라고 했다. 그리스도는 자기 백성과 하나다. 그러므로 그들의 모든 것이 그리스도의 것이고, 그리스도의 모든 것은 그들의 것이다.

종교개혁 목사들과 신학자들은 복음을 놀랍도록 잘 그려 내는 이 이야기를 반복해서 말하기를 좋아했다. 17세기 런던의 서적상이었던 에드워드 피셔Edward Fisher는 감동적인 이야기를 들려준다. 그는 아직 확고한 믿음이 없어서 의심을 떨쳐버리지 못하는 젊은 그리스도인에게 말하는 목사를 떠올리며 이렇게 썼다.

> 그리스도와 당신 사이에 이루어진 결혼의 연합은 당신이 고안해 낸 개념이나 의견에 불과한 것이 아니다. 이 결혼은 아주 특별하고 영적인 참된 연합을 말하기 때문이다.……**그렇다면 그리스도께서 당신과 더불어 이미 정죄를 받으셨기 때문에 당신은 정죄받을 수 없다. 마찬가지로 당신은 그리스도의 사심과 함께 다시 살리심을 받았다.**……그리스도께서 자신의 신부와 결혼하여 하나가 되셨을 때 그분께서는 자신의 모든 상태를 신부에게 주신다. 그래서 무엇이든 그리스도께서 누리시는 신분과 소유를 담대하게 자기 것이라고 주장할 수 있다.[8]

피셔 당시 생존했던 지혜로운 목사요 명랑한 햇빛과 같이 따스한 마음을 가졌던 설교자 리처드 십스가 하는 말을 들어 보자.

종종 자신이 누구인지를 곰곰이 생각해 보라. 나는 궁핍하고 죄악된 피조물이 맞지만 나에게는 모든 것에 예가 되시는 그리스도의 의가 있다. 나는 약하지만 그리스도는 강하다. 그러므로 그분 안에서는 나 역시 강하다. 나 스스로는 어리석기 그지없지만 그분 안에서 나는 지혜롭다. 나에게 필요한 것이 그분 안에 다 있다. 그분은 내 것이고 그분의 의도 내 것이다. 하나님이자 사람이신 분의 의다. 이 의로 옷 입은 나는 양심, 진노, 지옥 등 그 무엇으로부터도 안전하다. 비록 날마다 내 죄를 경험하지만 내 것이 된, 만유 위에 뛰어난 그리스도 안에는 내 죄와 비교할 수 없이 큰 의가 있다.[9]

이것이 다가 아니다. 부활하신 그리스도와 그분의 백성들 사이의 결혼과 관련된 또 다른 놀라운 진리는, 우리가 받아 그분과 누리는 새 생명은 결코 냉랭하고 사무적인 계약이 아니라는 사실이다. 우리는 마음씨 좋은 독재자의 농노로 받아들여진 것이 아니다. 결코 그렇지 않다. 그리스도는 자기의 신부를 가장 **소중히** 여기신다. 이사야 62장은 신부인 그의 백성에게 이렇게 말한다.

너는 또 여호와의 손의 아름다운 관, 네 하나님의 손의 왕관이 될 것이라. 다시는 너를 버림받은 자라 부르지 아니하며 다시는 네 땅을 황무지라 부르지 아니하고 오직 너를 헵시바라 하며 네 땅을 뿔라라 하리니 이는 여호와께서 너를 기뻐하실 것이며 네 땅이 결혼한 것처럼 될 것임이라. 마치 청년이 처녀와 결혼함 같이 네 아들들이 너를 취하겠고 신랑이 신부를 기뻐함 같이 네 하나님이 너를 기뻐하시리라(사 62:3-5).

그리스도의 백성은 보화와 존귀함과 영예의 상징인 왕관으로 묘사된다. 사랑스런 아내가 남편의 면류관인 것과 같다(잠 12:4). 또한 놀랍게도 그리스도의 신부는 신랑에게 자선과 동정의 대상이 아니다. 우리의 신랑은 신부인 자기 백성을 보면 눈빛이 달라지고 그 마음은 즐거움으로 노래한다. 그리고 그렇게 넘쳐나는 기쁨은 결코 멈추거나 줄어드는 일이 없다. 그리스도께서는 자기 신부를 진실로, 깊이, 그리고 정열적으로 사랑하신다.

아빠!

부활절 아침, 예수께서는 생명에 합당한 의로운 자로 선포되셨을 뿐 아니라 능력으로 **하나님의 아들**로 선언되셨다. 물론 예수께서는 그 전부터 영원토록 하나님의 아들이셨다. 하지만 이 순간은 달랐다. 성부께서 "너는 내 아들이라.⋯⋯나는 그에게 아버지가 되고"(히 1:5) 하고 말씀하신 이 순간만큼은 **죽었다 다시 살아난** 인간에게 그렇게 말씀하신 것이다. 이제 이 사람─사망과 악을 향한 하나님의 모든 심판을 지난 사람─은 하나님의 아들로 선포될 수 있었다. 다시 말하지만, 이 아들에게 선포된 내용은 그 안에 있는 모든 자들에게도 그대로

적용된다. "너희가 다 믿음으로 말미암아 그리스도 예수 안에서 하나님의 아들이 되었으니 누구든지 그리스도와 합하기 위하여 세례를 받은 자는 그리스도로 옷 입었느니라"(갈 3:26-27).

　여기 우리의 시선을 끄는 표현이 있다. "너희가 다 하나님의 아들이 되었다?" 후대 사람으로서 우월감을 갖고 있는 우리는 이처럼 황홀한 진리조차도 우리가 구시대적인 것으로 비웃는 1세기 성차별주의에 경도된 표현은 아닌지 의구심을 갖는다. 이것은 분명 바울이 잘못 쓴 표현이 아니다. 다른 편지에서도 "하나님의 영으로 인도함을 받는 사람은 곧 하나님의 아들들sons"이라고 말한다(롬 8:14). "자녀들"이나 "아들과 딸"이 아니라 **아들들**이다. 그러나 바울의 이런 표현은 남성우월주의의 산물이 아니다. 그리스도 안에서 **모든** 신자들이 성자께서 친히 누리시는 아들의 상태를 받아 누린다는 사실을 분명히 하기 위해 의도적으로 아들이라는 표현을 쓴 것이다. 믿는 남자들 역시 그리스도의 신부의 일부고, 믿는 여자들 역시 하나님의 아들들이다! 하나님은 믿는 신자에게 우월감에 의기양양해 할 어떤 것이 아니라 자기 앞에 있는 누구에게나 적용되는 일반적인 신분을 주시기 때문이다. 성자께서는 **우리와 더불어 자신의 아들됨을 나누신다.**

바울이 로마서 8장에서 "너희는 다시 무서워하는 종의 영을 받지 아니하고 양자의 영을 받았으므로 우리가 **아빠** 아버지라고 부르짖느니라"라고 한 것이 바로 그런 이유다(15절). 또 갈라디아서 4:6에서도 이렇게 말한다.[10] "너희가 아들이므로 하나님이 그 아들의 영을 우리 마음 가운데 보내사 **아빠** 아버지라 부르게 하셨느니라." 다시 말하지만, 바울은 일부러 아람어인 "아빠"^{Abba}를 써서 신자들은 성자께서 친히 부르짖는 것과 같이 하나님 아버지를 부른다는 사실을 우리에게 일깨운다. 예수께서는 겟세마네 동산에서 홀로 성부와 대화하시면서 하나님을 "**아빠** 아버지"로 부르셨다(막 14:36). 바울은 성자께서 하나님을 부르셨던 것과 같이 아들의 영께서 우리도 하나님을 그렇게 부르도록 한다고 주장하면서, 성자께서 친히 성부와 누리시는 동일한 관계를 그리스도 안에서 우리도 누리게 되었다는 사실을 할 수 있는 한 가장 친밀하고 시각적인 방식으로 나타내고 있다. 우리는 성자께서 자기 아버지를 부르실 때 썼던 바로 그 이름으로 하나님을 부르게 되었다. 아버지의 사랑을 누리는 자녀가 갖는 확신으로 전능자 앞에서 "**아빠!**"라 부를 수 있게 된 것이다.

장자인 그리스도의 부활을 통해 그분 안에 있는 우리는 영원한 생명을 받는다. 여기서 말하는 "생명"이 무엇을 말하는지 구체적으로 짚고 넘어갈 필요가 있다. 이 생명은 다름 아닌 하나님의 사랑 가운데 있는 의로운 성자의 생명이다. 우리는 **바로** 이 생명에 참여한다. 신약성경 시대 이래로 수 세기 동안 많은 사람들이 이 사실을 이렇게 말하기를 좋아했다. 사람들이 하나님의 아들들이 되도록 하나님의 아들이 사람이 되었다. 그리스도께서 주시는 구원이란 단순히 죄 용서나 어떤 추상적인 "천국"이 아니다. 그분께서 주시는 구원이란 다름 아닌 그리스도 자신이다. 바로 이 사실 때문에 내가 받은 새 생명을 살아가는 모든 **방식이** 달라진다. 다시 말해 나는 계약을 맺고 실패하면 쫓겨날까 봐 두려워하며 사는 피고용인이 아니다. 그리스도로 옷 입어(나의 수많은 실패에도 불구하고) **어느 때라도** 하나님을 "아빠" 아버지라 부를 수 있는 아들이다. 바로 이 사실로 인해 내가 미끄러질 때조차도 고소자의 판단과 정죄는 아무런 효력이 없다. 바로 이 사실이 절망을 십자가에 못 박고, 이처럼 나를 사랑하시는 아버지와 함께 있고자 하는 열망을 내 안에 더욱 불러일으킨다.

성육신은 끝났는가?

"하늘에 계신 그리스도는 이 땅에 계실 때와 같은 몸으로 계신다는 사실은 근본적인 믿음의 내용이다."[11] 삼백 년도 더 전에 존 오웬John Owen이 한 말이다. 오늘날에는 누구도 이렇게 말하지 않는다. 단순히 오래전에 한 말이라서 그런 게 아니다. 오늘날 누가 하늘에 있는 그리스도의 몸을 기독교 신앙의 핵심으로 말하는가? 십자가와 부활에 관한 설교를 무수히 듣지만 그럴 때마다 마치 수증기가 증발하는 것처럼 그리스도가 홀연히 공중으로 사라진 것 같은 인상을 받는다. 그가 죽었고, 다시 살아났으며, 홀연히 사라졌다. 만약 우리가 뒤따를 첫 열매이신 그리스도가 이렇게 사라졌다면 마음이 편치 않을 것이다.

그러나 신약성경이 말하는 부활하신 그리스도의 모습은 그렇지 않다. 은밀하게 몸을 벗어버리거나 연기처럼 흐릿하고 몽롱하게 공중으로 들려 올라가는 모습도 없다. "나를 만져 보라. 영은 살과 뼈가 없으되 너희 보는 바와 같이 나는 있느니라"(눅 24:39) 하고 말씀하신 그분께서 바로 "하늘로 들려 올라가신" 분이시다(눅 24:51). 그리스도는 결코 인성을 버리신 적이 없다. 심지어 이 땅에서의 마지막 순간까지 그랬다. 결코 성전인 자기 몸을 떠나시지 않는다. 우리의 인성을 입은 모습 그대로 미쁘게 하늘로, 자기 아버지께로 돌아가셨다. 선한 목자처럼 자신의 잃어버린 양을 데리고 집으로 돌아가셨다.

창세기 3장에서 죄를 범한 아담은 "에덴**동산**"으로 표현된 하나님의 존재로부터 쫓겨났다. "여호와 하나님이 에덴동산에서 그 사람을 내보내어 그의 근원이 된 땅을 갈게 하시니라. 이같이 하나님이 그 사람을 쫓아내시고 에덴동산 동쪽에 그룹들과 두루 도는 불 칼을 두어 생명나무의 길을 지키게 하시니라"(창 3:23-24). 그러나 그때 일어난 일을 말하는 에스겔은 "하나님의 동산 에덴"을 "하나님의 **성산**"으로 묘사한다(겔 28:13-14). 에덴이라고 하는 동산은 산에 자리한 동산이었다. 그곳에서 강이 발원할 수 있었던 것도 이 때문이다

(창 2:10). 그러므로 에덴에서의 추방은 곧 하나님의 존재로부터 **떨어진** 것을 말한다. 하나님과 함께 거하는 성산 아래로 떨어진 것이다.

그때로부터 "여호와여, 주의 장막에 유할 자 누구오며 주의 성산에 거할 자 누구오니이까"라는 부르짖음이 이어졌다(시 15:1). 동산을 지키는 그룹들을 지나 생명나무에서 나는 열매를 먹고 주와 함께 영원한 화평 가운데 살 자가 누군가? 이에 시편은 이해가 되면서도 부담스러운 대답을 준다.

> 정직하게 행하며 공의를 실천하며 그의 마음에 진실을 말하며, 그의 혀로 남을 허물하지 아니하고 그의 이웃에게 악을 행하지 아니하며 그의 이웃을 비방하지 아니하며, 그의 눈은 망령된 자를 멸시하며 여호와를 두려워하는 자들을 존대하며 그의 마음에 서원한 것은 해로울지라도 변하지 아니하며, 이자를 받으려고 돈을 꾸어 주지 아니하며 뇌물을 받고 무죄한 자를 해하지 아니하는 자이니, **이런 일을 행하는 자는 영원히 흔들리지 아니하리이다**(시 15:2-5).

적어도 나는 이러한 사람이 아니다. 하지만 소망이 있다. 시편 16편은 이 대답이 묘사하는 모든 것을 충족시키는 의로운 자에 대해 말한다. 여기서 시편 기자는 "내가 여호와를 항상 내 앞에 모심이여"라고 한다.

그가 나의 오른쪽에 계시므로 **내가 흔들리지 아니하리로다**. 이러므로

도소 도시Dosso Dossi 「그리스도의 승천」(1520)

나의 마음이 기쁘고 나의 영도 즐거워하며 내 육체도 안전히 살리니, 이는 주께서 내 영혼을 스올에 버리지 아니하시며 주의 거룩한 자를 멸망시키지 않으실 것임이니이다. 주께서 생명의 길을 내게 보이시리니 주의 앞에는 충만한 기쁨이 있고 주의 오른쪽에는 영원한 즐거움이 있나이다(시 16:8-11).

예수 그리스도 안에서 우리는 하나님의 거룩한 성산에 거하기에 합당한 의롭고 거룩한 이를 발견한다. 그분은 처음 아담이 하나님과 함께 있던 곳으로 들려 올라가신 마지막 아담이시다. 출애굽기 23:19은 명령한다. "네 토지에서 처음 거둔 열매의 가장 좋은 것을 가져다가 너의 하나님 여호와의 전에 드릴지니라." 부활한 그리스도는 지금은 여호와의 집으로 들려 올라가신 새롭게 된 인간(처음에 인간은 아담

이 땅의 죄인들을 향한 하늘에 계신 그리스도의 마음

토머스 굿윈Thomas Goodwin이라는 이름을 들어 본 사람은 오늘날 그리 많지 않을 것이다. 하지만 그를 가장 위대한 신학자 가운데 한 사람으로 여기던 시절이 있었다. 심지어 "이제까지 산 사람 가운데 바울 서신에 대한 가장 탁월한 주석가이자 설교자"라는 칭송을 들을 정도였다. 1600년 노포크의 한 작은 마을에서 태어난 굿윈은 나중에 옥스퍼드의 모들린 칼리지의 학장이자 당대의 가장 사랑받는 목사요 설교자 가운데 한 사람이 되었다.13

가장 유명하고도 주목할 만한 굿윈의 저작은 『이 땅의 죄인들을 향한 하늘에 계신 그리스도의 마음』The Heart of Christ in Heaven towards Sinners on Earth이다. 굿윈이 이 책에서 말하고자 하는 바는 분명하고도 간단하다. 그는 그리스도께서 비록 하늘 보좌에 그분의 영광과 위엄으로 좌정하셨지만 이 땅의 신자들에게 무관심하지 않고 지금도 여전히 그들을 돌아보신다는 사실을 성경을 통해 보여주고자 했다. 그분께서는 여전히 이 땅에 계실 때와 동일한 사람으로서 자기 백성을 열렬히 사랑하신다. 그분의 광대한 심장은 자기 백성들을 향한 사랑으로 어느 때보다도 더 강력히 고동친다. 우리와 똑같이 시험을 받으셨기에 우리의 연약함을 돌아보시는 위대한 대제사장이 하늘에 계신다는 사실을 아는 신자들은 놀라운 확신을 가지고 은혜의 보좌로 나아갈 수 있다(히 4:14-16).

특별히 굿윈은 이 책에서 이 땅의 신자들을 향한 그리스도의 사랑을 불러일으키는 두 가지를 말한다. 우리가 당하는 고난과—거의 상상이 안 되겠지만—우리의 죄악이다. 하늘에 계신 그리스도께서는 친히 이 땅에서 극한 고통과 거절과 슬픔을 당하셨기에 우리의 가장 친한 친구보다 더 온전히 우리가 당하는 고난을 공감하고 이해하신다. 심지어 성경은 그리스도께서 "무식하고 미혹된 자"를 불쌍히 여기고 용납할 수 있다고까지 말한다(히 5:2). 굿윈역시 이 사실에 동의한다.

그리스도께서는 당신의 죄로 인한 분노보다 당신을 불쌍히 여기시는 마음이 더 많습니다.……그렇습니다. 혐오스럽고 메스꺼운 질병으로 신음하는 자녀를 바라보는 아버지의 마음처럼, 죄가 더할수록 당신을 불쌍히 여기는 마음이 더 커집니다.……그분의 증오는 고스란히 당신의 죄를 향해 쏟아부어질 것입니다. 결국 죄를 파괴하고 멸해서 당신을 죄로부터 자유롭게 하실 것입니다. 하지만 그런 과정에서 그분의 마음은 더욱 당신에게로 이끌릴 것입니다. 당신이 죄 아래 있을 때도 당신을 향한 그리스도의 마음은 당신이 고통 아래 신음할 때만큼이나 당신에게로 이끌립니다. 그러므로 두려워하지 마십시오. "누가 우리를 그리스도의 사랑에서 끊을 수 있겠습니까?"[14]

굿윈의 요지는 그리스도 안에 있는 사람들은 자신의 죄가 아니라 그리스도로 말미암아 정의되는 새로운 정체성을 가졌다는 것이다. 신자 안에 있는 죄는 질병이다. 그리스도께서 미워하시는 질병이다. 그러나 이 죄는 그리스도의 긍휼을 이끌어 낸다. 당신이 죄를 지을 때 영광 가운데 계시는 예수의 첫 번째 반응은 연민이다. 당신은 죄책 안에서 **그리스도로부터** 도망치지만, 그리스도께서는 은혜 안에서 **당신을 향해** 달려가신다. 당신의 마음이 죄로 인해 냉랭하고 둔감해질 때 당신을 향한 그리스도의 마음과 역사는 모든 것을 뒤바꿔 놓는다. 당신은 바로 그때 지치고 기쁨을 상실한 당신의 모습이 그리스도께 한없는 연민을 불러일으킨다는 사실을 절감한다.

　　초점은 그리스도께 있다. 하지만 굿윈은 열렬한 삼위일체주의자였고 그런 그가 자신의 글을 읽는 독자들이 사랑 많은 그리스도가 무자비한 자기 아버지의 마음을 달래는 듯한 인상을 갖도록 하는 것은 상상할 수도 없는 일이었다. 굿윈은 이렇게 말한다. "그리스도께서는 하나님의 마음에 단 한 방울의 사랑도 더하시지 않는다."[15] 그리스도께 있는 모든 애정과 자비는 그분의 마음을 성부의 사랑으로 불러일으키시는 성령으로부터 온다. 하늘에 계신 그리스도의 마음은 성부의 마음이 그대로 나타난 것이다.

　　굿윈은 목사로서 이 사랑의 연민이야말로 우리를 죄로부터 그리스도께로 되돌리도록 하는 원인임을 깨달았다. 우리는 자신의 죄책 때문에 하나님을 무자비하고 냉담한 분으로 여기고 결코 마주 대하려고 하지 않는다. 그러

나 그리스도의 인자와 사랑이 우리에게 호소한다. 하늘에 계시는 그리스도의
아름다운 마음이 우리 마음을 설복시킨다. 다름 아닌 굿윈 자신의 경우가 그
랬다. 그러했기에 그는 숨을 거두며 이렇게 말했다. "그리스도께서는 더할 나
위 없이 나를 사랑하신다. 나 역시 지금보다 더 그리스도를 사랑하지는 못할
것 같다."[16]

안에서 흙이나 땅의 티끌로 지어졌다)의 전조요 첫 열매시다. 이 말은 실제 인간이, 곧 우리의 혈과 육을 가지고 세상에서 우리와 동일한 경험을 하며 우리와 같은 인성을 가진 한 사람이 하늘에 있다는 말이다. 지금 한 사람이 완벽한 조화를 이루며 하나님 곁에 좌정해 있다. 그분은 "우리가 천국을 향해 이 땅을 지나갈 때 우리의 손과 같은 손을 내밀어 우리를 붙잡아 줄 사람이시다. 예수께서는 친히 얼굴을 보이시며 우리를 천국으로 맞아들이실 것이다."[12]

나의 중보자가 높은 데 계시니라

구약성경의 이스라엘 백성들이라고 해서 거룩한 자가 하나님 앞으로 들려 올라가신 이야기에 관심이 없었던 것이 아니다. 가나안 땅의 중심에는 그룹들이 갖추어진 여호와의 "성산"이 우뚝 서 있었다. 오늘날 우리가 성전 산^{Temple Mount}이라 부르는, 예루살렘에 있는 산이다. 시편 2편에서 하나님은 이곳을 가리켜 "내 거룩한 산 시온"이라 하신다(6절). 솔로몬이 지은 "주가 계신 곳", 금으로 새긴 그룹들로 장식된 곳이다(왕상 7-8장). 주께서는 이곳 가장 깊이 자리한 지성소의 시은소 위에 좌정하신다고 한다. 이는 다름 아닌 에덴의 거룩한 성산에 자리한 원래의 성소를 상징적으로 따라 지은 것이다. 일 년에 한 차례 이곳에서 주의 임재 앞으로 나아갈 수 있도록 허락된 단 한 사람이 바로 대제사장이다. 그가 입은 예복의 한 부분은 "여호와께 성결"이라고 새긴 순금으로 만든 패였는데, 그가 쓴 관 전면에 매여 있었다(출 28:36). 그가 바로 지성소로 들어갈 권리를 가진 유일한 사람인 거룩한 자였다.

혹은 최소한 대제사장은 그 거룩한 자의 표상이었다. 성전과 그 안에서 일어나는 모든 일은 하늘의 실체를 가르쳐주고 보여주는 도구와 모형으로 설계되었다. 시내 산에서 모세가 처음 성전의 원래 전조인 성막을 지으려고 했을 때 그는 "삼가 (여호와께서 계시는) 이 산에서 네게 보인 양식대로" 할 것을 명령받았다(출 25:40). 이는 곧 예루살렘 성전에 속한 모든 대제사장들은 하늘에 계시는 대제사장의 모형으로서 **"하늘에 있는 것의 모형과 그림자"**인 지성소에서 섬겼다는 것을 의미한다(히 8:5).

이런 사실을 떠올리면서 레위기 16장의 대속죄일이라고 하는 성대한 연례행사를 생각해 보라. 백성들의 죄를 위해 짐승을 제물로 드리는 대제사장은 제물의 피를 가지고 **휘장을 지나 여호와의 시은소가 자리한 지성소로** 나아갔다. 이 사건을 두고 히브리서 기자는 이렇게 말한다.

그리스도께서는 장래 좋은 일의 대제사장으로 오사 손으로 짓지 아니한 것 곧 이 창조에 속하지 아니한 더 크고 온전한 장막으로 말미암아……그리스도께서는 참 것의 그림자인 손으로 만든 성소에 들어가지 아니하시고 바로 그 하늘에 들어가사 이제 우리를 위하여 하나님 앞에 나타나시고(히 9:11, 24).

승천하신 그리스도께서는 대제사장으로서 친히 제물로 드려진 자신의 실제 피를 가지고 모형이 아닌 실제 하나님의 보좌 앞으로 나아가서 "죄를 위하여 한 영원한 제사를 드리시고 하나님 우편에" 앉으셨다(히 10:12). **모든 일이 이루어졌다.** 하늘에 좌정한 우리의 맏형에게는 이제 더 이상 우리 죄와 관련하여 해야 할 일이 하나도 남아 있지 않다. 다 끝난 것이다. 이로 인해 그리스도 안에 있는 신자라면 강하든 약하든 상관없이 누구나 순전하고도 복된 안전을 받아 누린다. 이는 곧 우리가 자유롭게 된 마음으로 힘껏 주를 노래할 수 있음을 뜻한다.

하늘에 계신 하나님의 보좌 앞에서도
내게는 강하고 완전한 탄원자가 있네.
사랑이라는 이름을 가지신 위대한 대제사장께서
항상 살아서 나를 위해 간구하시네.
내 이름은 그분의 손에 새겨져 있고,
내 이름은 그분의 마음에 쓰여 있네.
나는 아네. 그분께서 하늘에 서 계신 동안에는
아무도 나를 거기서 떠나라 할 수 없음을.

사탄이 나를 유혹하여 낙심케 하고
내게 정죄하는 말을 할 때,
나는 저 위에 계신 분을 바라보네.

내 모든 죄를 끝내신 그분을.

죄 없는 구원자께서 죽으셨기에

나의 죄악된 영혼은 자유를 누리네.

의로우신 하나님이 만족하시네.

그분을 바라보시고 나를 용서하시네.

저기 부활하신 어린양,

흠 없고 완전하신 나의 의,

위대하고 변함없으신 자존자,

영광과 은혜의 왕을 보라.

그분 안에서 내 삶도 영원하다.

그 피로 내 영혼을 사셨으니,

내 생명은 그리스도와 함께 높은 곳에 감추어져 있네.

나의 구원자, 나의 하나님이신 그리스도와 함께!

마음이 짓눌리고 올무에 사로잡혀 있을 때도 우리의 위대한 대제사장께서는 여전히 소중한 위로가 되신다. 하늘에 계시면서도 자신이 친히 피로 값 주고 사신 자기 백성들을 위한 관심과 애정을 이기지 못하시고 사랑하는 자기 아버지께 계속해서 간구를 쏟아 놓으시는 분이기 때문이다.

슬프게도 이처럼 찬란하게 빛나는 진리가 개신교 진영에서는 오랫동안 구름에 가린 듯 그 빛을 제대로 발하지 못해 온 것이 사실이다. 종교개혁 당시에는 가톨릭의 사제주의에 대항해 "만인 제사장"주의(어느 인간도 하나님과 우리 사이에 중보자가 될 수 없다)를 위해 싸우느라 "사제"priest라는 말을 사용하는 데 끊임없이 경계의 눈초리를 보냈다. 우리는 사제라는 말을 들으면 거실용 커튼을 걸친 지저분하고 괴상한 사람을 떠올린다. 그러나 이런 사제혐오priestphobia는 하나님과 우리 사이에는 어떤 중보자도 있게 해서는 **안 된다**는 생각에 지나치게 몰입하는 부작용을 가져왔다. 그렇다면 남는 것은 나 자신 뿐이다. 그렇게 나 스스로 하나님 앞에 선다고 생각하는 순간부터 염려가 엄습하기 시작한다.

그러나 하나님 앞에 나 스스로 서는 게 아니다. 그리스도 안에서 서는 것이다. 나에게는 내 죄를 속하고 이를 근거로 이제 나를 위해 완전한 확신을 갖고 기도하시는 대제사장이 계시다. 내가 신실하지 못할 때도 그분은 신실하시다. 내가 약할 때도 그분은 강하시다. 내가 기도하지 못할 때조차 그분은 "하나님 우편에 계신 자요 우리를 위하여 간구하시는 자"로 계신다(롬 8:34). 진실로 그분은 살아서 우리를 위해 간구하시는 분이다!(히 7:25) 우리는 실패할 때마다 하나님께로 나아가기를 주저하고 고통과 상한 마음에 시달리느라 기도할 마음조차 잃어버리기 일쑤다. 그럴 때마다 우리는 극심한 고통 가운데 신음하던 욥과 더불어 이렇게 말할 수 있다. "하늘에 내 증인이 계시고, 높은 곳에 내 변호인이 계신다! 내 중재자는 내 친구다. 나는 하나님께 눈물로 호소한다. 사람이 친구를 위하여 변호하듯이, 그가 하나님께 내 사정을 아뢴다."(욥 16:19-21, 표준새번역).

여호와여, 일어나사 주의 대적들을 흩으시고

이처럼 예루살렘의 대제사장들이 섬기는 모습이 그리스도께서 하시는 일을 나타내는 모형이었던 것은 사실이지만, 그럼에도 그리스도께서는 승천하시면서 어떤 대제사장도 감히—심지어 이 땅에 있는 하늘 지성소의 모형인 성막에서조차—엄두를 못 낼 일을 하셨다. 제사장들은 성막에 들어갈 때 두려움을 떨쳐 버릴 수가 없었다. 그러나 그리스도께서는 하늘의 참된 지성소로 들어가셔서 **보좌에 앉으셨다.**

주제넘은 일을 하신 게 아니다. 이는 심지어 그의 아버지께서 명하신 일이다. "여호와께서 내 주에게 말씀하시기를 '내가 네 원수로 네 발등상 되게 하기까지 너는 내 우편에 앉으라' 하셨도다"(시 110:1). 그리스도는 다른 제사장들과는 전혀 다른 서열을 따른 대제사장이셨다. 그분께서는 예루살렘의 왕이자 제사장인 멜기세덱의 서열을 따르셨다(시 110:4). **우리의 왕과 제사장**이신 그리스도는 우리의 멜기세덱이시다. 또한 열국들이 그분의 기업이 되고 모든 무릎이 그분 앞에 꿇으며 모든 원수가 그분 앞에서 수치를 당하게 된 지금, 그리스도께서 왕으로 보좌에 좌정하시는 것은 당연하다.

시편 24편은 "여호와의 산에 오를 자가 누구며 그의 거룩한 곳에 설 자가 누구인가"라고 묻는다. 앞에서 우리가 이미 들은 물음이기는 하지만 지금 우리가 듣는 이 물음에 대한 대답은 그때와는 사뭇 다르다.

떡과 포도주를 바치는
멜기세덱. 성 아폴리나
레 인 클라세 성당에 있
는 6세기 모자이크다.

문들아 너희 머리를 들지어다, 영원한 문들아 들릴지어다, 영광의 왕이

들어가시리로다.

영광의 왕이 누구시냐?

강하고 능한 여호와시요, 전쟁에 능한 여호와시로다.

문들아 너희 머리를 들지어다, 영원한 문들아 들릴지어다, 영광의 왕이

들어가시리로다.

영광의 왕이 누구시냐?

만군의 여호와께서 곧 영광의 왕이시로다(시 24 : 7-10).

마리아의 아들, 나사렛 목수의 양자께서 이제는 우주의 보좌에 좌정

하셨다. 그분께서 십자가에서 얻으신 승리는 이제 모두가 볼 수 있

도록 펼쳐진다. 그분께서 악의 권세를 무장 해제하셨다. 그분 안에서

사람은 더 이상 뱀의 궤계로 인한 피해자가 아니다. 그분과 함께 왕 노릇하는, 완전한 승리를 거둔 진정한 왕이다. 그분 안에서 이 시편이 성취된다.

> 사람이 무엇이기에 주께서 그를 생각하시며 인자가 무엇이기에 주께서 그를 돌보시나이까. 그를 하나님보다 조금 못하게 하시고 영화와 존귀로 관을 씌우셨나이다. 주의 손으로 만드신 것을 다스리게 하시고 만물을 그의 발아래 두셨으니, 곧 모든 소와 양과 들짐승이며 공중의 새와 바다의 물고기와 바닷길에 다니는 것이니이다(시 8:4-8).

이렇게 그리스도로 말미암은 왕과 같은 승리는 아담이 처음 창조된 목적이 이루어진 것을 뜻한다. 첫째 아담은 창조된 후 "생육하고 번성하여 **땅에 충만하라.** 땅을 정복하라. 바다의 물고기와 하늘의 새와 땅에 움직이는 모든 생물을 다스리라"는 명령을 받았다(창 1:28). 하지만 그리스도께서 승천하셨을 때 "그분은 곧 모든 하늘보다 더 위에 오르셨고", 이는 자신의 생명과 영광과 그의 후손들로 **"만물을 충만하게 하려"** 함이었다(엡 4:10, 골 1:6).

사도행전—그리스도의 교회가 예루살렘에서부터 땅끝까지 확장되는 것을 기록한 책—이 그리스도의 승천과 더불어 시작하는 것도 바로 이런 이유다. 그리스도께서 왕으로 온 땅 위에 좌정하셨기 때문에 생명을 주시는 그의 통치가 온 땅에 선포되어야 한다. 그리스도께서 자기 아버지께로 돌아간 것은 곧 그분의 임재가 땅끝까지 미친다는 것을 의미한다. 그분의 나라는 바다 이 끝에서 저 끝까지 이르기 때문이다. 이것이 바로 그가 "땅에서 들리면"이라고 한 사건의 궁극적인 상태다. 그분께서는 "내가 땅에서 들리면 모든 사람을 내게로 이끌겠노라"고 말씀하셨다(요 12:32). 십자가에서 들리셨고, 무덤에서 들리셨으며, 하늘 보좌로 들리셨다. 이 모든 것은 자신의 영원한 승리의 생명을 온 세상과 나누기 위함이다.

이 얼마나 눈이 번쩍 뜨이는 사실인가! 일상의 삶, 실패, 슬픔과 고통 가운데서도 눈을 들어 이런 실체를 바라보며 가장 깊은 위로를 얻는다. 그분께서 좌정하신 보좌에는 사망을 이긴 긍휼과 왕의 자유가 있다. 우리의 친구, 우리의 대제사장, 우리의 왕이 좌정한 곳이기 때문이다. 이 보좌를 주목할수록 우리 마음은 더욱 그곳에 머물고, 그분을 더욱 세상에 알리기 원하며, 그분의 재림을 더욱 사모하게 된다.

4

그리스도 안에서 사는 삶

내가 너희를 고아와 같이 버려두지 아니하고 너희에게로 오리라

"예수께서 하늘로 가셨다." 영광스러운 말이지만, 그러면서도 슬프게 들리는 말이다. 우리는 예수께서 떠나가시는 것을 원치 않기 때문이다. 우리는 그분과 함께 있기 원한다! 예수께서 승천하시면서 우리와 **물리적으로** 떨어지게 되었다. 하지만 예수께서 우리를 떠나 자기 아버지와 함께 계신 후에 우리가 예수와 누리는 **관계는** 더욱 견고해졌다. 그래서 예수께서는 승천하시기 전에 자기와 함께 있던 친구들을 이렇게 위로하셨다. "너희는 마음에 근심하지도 말고 두려워하지도 말라.······나를 사랑하였더라면 내가 아버지께로 감을 기뻐하였으리라"(요 14:27-28).

왜 이런 말씀을 하셨는가? 하늘에서 우리를 자신과 연합하게 하고 우리를 그분과 한 몸 되게 하시기 위해 자신의 성령—양자의 영—을 보내려 하셨기 때문이다. 예수께서는 이미 우리 **가운데** 하나가 되셨다. 하지만 이제 성령으로 말미암아 놀랍게 **우리와** 한 몸이 되신다. 존 칼빈은 "이것이 바로 복음의 목적"이라고 썼다.[1] 성령으로 말미암아 예수와 성부께서 신자들에게 와서 거처를 함께하겠노라고 말씀하신다(요 14:23). "그날에는 내가 아버지 안에, 너희가 내 안에, 내가 너희 안에 있는 것을 너희가 알리라"(요 14:20).

십자가에 처형되기 전날 밤 예수께서는 이 모든 일을 제자들에게 알게 하기 위해 주의 만찬을 이미지로 사용하셨다. "또 (1) **떡을 가져** (2) **감사기도 하시고** (3) **떼어** 그들에게 (4) **주시며** 이르시되 '이것은 너희를 위하여 주는 내 몸이라. 너희가 이를 행하여 나를 기념하라' 하시고"(눅 22:19). 이 떡이 그의 몸에 대한 모든 것이라면 이제 이 네 가지 행위를 통해 예수께서는 이제 자신이 하고 있는 일을 요약해서 보여주려 하셨다. 하늘에서 이 땅으로 오셔서 (1) **육신을 취하셨고**, 이 육신으로 (2) **하나님께 감사하는 삶을 사셨고**, 이제 (3) **십자가에서 자기 몸을 찢음으로** 자신의 생명을 내려놓고, 궁극적으로는 (4) **자신을 우리에게 주실** 것이었다.

예수와 자기 백성들과의 관계는 우리의 성실함에 따라 달라지는 계약처럼 느슨한 관계가 아니다. 성찬에서 우리가 먹고 마시는 떡과 포도주가 우리 몸과 하나가 되는 것처럼, 그리스도께서는 자신의 성령으로 말미암아 우리 안으로 오셔서 우리와 하나가 되신다. 그 안에서 죄로 인한 분리와 나뉨은 모두 사라지고 만다. 하나님과 인간, 사람과 사람, 남자와 여자, 흑인과 백인, 유대인과 헬라인 사이의 모든 나뉨이 사라진다. 그분 안에서 함께 불리어 모인 우리는 하나 곧 한 몸, 한 떡이 된다. 서로 하나가 되고 그분과 하나가 된다.

법조문으로 된 계명의 율법을 폐하셨으니 이는 이 둘(유대인과 이방인)

율리우스 슈노르 폰 카롤스펠트Julius Schnorr von Carolsfield 「오순절」(1860)

로 자기 안에서 한 새 사람을 지어 화평하게 하시고, 또 십자가로 이 둘을 한 몸으로 하나님과 화목하게 하려 하심이라. 원수 된 것을 십자가로 소멸하시고 또 오셔서 먼 데 있는 너희에게 평안을 전하시고 가까운데 있는 자들에게 평안을 전하셨으니, 이는 그로 말미암아 우리 둘이한 성령 안에서 아버지께 나아감을 얻게 하려 하심이라(엡 2:15-18).

사랑하고, 귀히 여기며, 순종함

우리가 그리스도와 하나가 되었다는 것은 그리스도와 자기 백성의 결혼에 대해 말하는 또 다른 방식이다. 신랑과 신부로 하나가 된 우리는 죽어서 다시 만나기까지 즐거울 때나 슬플 때나, 부할 때나 가난할 때나, 병들었을 때나 건강할 때나 항상 함께한다. 이혼에 대한 두려움은 없다. 신랑이신 그분이 "나는 이혼하는 것을 미워하노라" 하고 분명히 말씀하셨기 때문이다(말 2:16).

잠깐 생각해 보자. 그리스도와 하나가 된다는 사실은 그리스도인이 된다는 것의 의미를 완전히 뒤바꿔 놓는다. 여기서 핵심은 신랑을 **이용**하거나, 신랑과의 관계를 통해 이득을 얻거나, 신랑과 결혼해서 덩달아 하늘의 시민권자가 되기 위해 "예"[1do]라고 답하는 것이 아니다. 존 칼빈의 말처럼, 우리는 "그리스도 안에서 그리스도가 아닌 다른 것"을 구해서는 안 된다.[2] 그리스도와의 연합으로 누리는 가장 위대한 유익은 바로 그리스도다. 이 결혼은 우리가 그리스도를 알고 누리도록 하기 위함이다. 그리스도와의 연합이 토대요 **시작**이라면 그리스도와의 교제는 목적이다.

이런 구원의 실체를 깊이 절감한 실례인 사도 바울을 보자. 바울은 오직 믿음으로 말미암는 칭의와 은혜로 말미암은 구원이라는 복음의 실체와 교훈을 누구보다 기뻐했지만, 그의 갈망은 단순히 이 땅을 떠나 천국에 가는 것이 아니었다. 빌립보서에 쓴 것처럼 그가 온 맘으로 바랐던 것은 이 땅을 떠나 **그리스도와 함께 있는 것**이었다(빌 1:23). 그리스도가 없는 천국은 그에게 더 이상 천국이 아니었을 것이 분명하다. 그리스도가 없는 구원 역시 구원이 아니었을 것이다. 이처럼 그리스도인에게 새롭게 이식된 심장은 오직 그리스도만을 향해 고동친다. 아들을 향한 성부의 영원한 즐거움에 참여하도록 성령께서 우리의 눈을 열어 그리스도의 영광과 아름다움을 보게 하신다. "'어두운 데에 빛이 비치라' 말씀하셨던 그 하나님께서 예수 그리스도의 얼굴에 있는 하나님의 영광을 아는 빛을 우리 마음에 비추셨느니라"(고후 4:6). 창조 시에 하나님이 흑암 가운데 빛을 부르신 것처럼, 새 창조는 우리에게 빛을 비추사 그리스도가 사모할 만하고 소중한 영광스러운 분이시라는 진리를 밝히 보여주는 것을 의미한다. 그때―오직 그때!―우리는 바르게 생각하고 느낄 수 있다. 실제로 탁월한 분을 우리가 탁월하게 생각하고, 성부의 영원한 사랑을 받는 이가 모든 자들의 사랑을 받는 이가 되는 바로 그때 말이다.

이런 사실은 기독교 역사에서 결코 사그라진 적이 없는 논란들 가운데 하나를 해결하는 데 도움이 된다. 한편에 구원으로 말미암은 절대적인 자유를 강조하려는 그리스도인들이 있다. 이들은 조금이라도 거룩한 삶을 요구하는 기미가 보이면 이를 인간의 노력으로 하나님의 호의를 얻으려는 율법주의적인 시도라고 몰아붙인다. "구원이 진실로 값없이 주어진 것이라면 우리가 할 일은 아무것도 없다"고 주장한다. 다른 한편에는 말은 안 하지만 값없는 구원이라는 말을 사용하기를 꺼리는 사람들이 있다. 이들은 "사람들에게 구원은 **완전히** 값없는 것이라고 말해서는 안 된다!"라며 투덜댄다. "그렇게 하지 않으면 사람들은 교회에도 가지 않고 거룩한 삶을 살려고 하지 않을 것"이라고 주장한다. 마치 "구원"이 죽을 때 받는 하늘의 선물상자처럼 되어 버리기 때문이다.

교회의 삶에서도 여전히 전도와 제자도 사이에 의견이 분분한 것을 발견할 수 있다. 특별 전도대회 등이 벌어지는 장소에서 사람들은 값없이 거저 주어지는 은혜에 대해서 듣는다. "지옥에서 벗어나십시오. 값없이 천국을 얻으십시오!" 공짜로 천국에 간다는데 누가 싫어하겠는가? 그래서 한꺼번에 많은 사람들이 교인으로 등록하곤 한다. 하지만 이내 제자훈련 교실에서 적잖은 혼란과 당혹감에 빠진다. 제자훈련이 말하는 거룩한 삶에 대한 교훈들을 자신이 들은 전도 메시지와 어떻게 조화를 시켜야 할지 도무지 알지 못한다. 그래서 그들은 떠나고 만다.

그리스도가 구원이라면 이런 혼란스러움은 사라진다. 구원과 그리스도인의 삶—다른 말로 하면 칭의와 성화—이 더 이상 분리되지 않는다. 둘 다 그리스도와 관련되고 그리스도를 배제하고서는 생각할 수 없는 것들이기 때문이다. 하나님은 하늘로부터 이 땅에 "의로움"과 "구원"을 따로따로 내려보내시는 분이 아니다. 하나님은 자신의 의로운 아들을 보내셨다. 그래서 설교자인 나는 모든 사람에게 완전히 값없는 **그리스도**를 전한다. 하지만 나는 그리스도와 떨어진 어떤 생명도 전해 줄 수 없다. 그리스도가 구원이시다. 그분 안에 모든 의로움이 있고 그분을 아는 것이 거룩한 마음이다. 마르틴 루터는 이를 제대로 말한다. "그리스도를 믿는 믿음으로 말미암아 그리스도의 의가 우리의 의가 되고, 그분께서 가지신 모든 것이 우리 것이 된다. 아니, 차라리 그리스도 그분이 우리 것이 된다고 하는 것이 더 맞다."[3] 이것이 바로 우리가 그리스도의 의를 가진 유일한 이유다. 우리가 그분을 가졌기 때문이다. 그리스도를 아는 것이 유일한 생명과 자유다. 우리가 값없이 구원을 얻는 것도 바로 이를 위함이다.

또한 이런 사실 때문에 막연하게 들리기 쉬운 "거룩함"이라는 말의 **의미**가 달라진다. 물론 누구나 이 말을 사용할 수 있다. 하지만 어떤 모양을 따든 그리스도와 상관없는 "거룩함"은 하나같이 안으로 자라 살 속을 파고드는 발톱과 같다. 간단히 말해, 무엇보다 거룩이 그리스도를 아는 것이 아니라면, 그것은 자기를 의존하는 도덕성과 종교심과 관련될 뿐이다. 이런 뒤틀린 자기 의존은 하나님을 기쁘시게 하는 것이나 실제의 아름다움과는 정면으로 배치된다. 하나님은 우리가 만들어 낸 덕에는 관심이 없다. 하나님은 자신을 향한 참 사랑에서 비롯된 것이 아닌 외형적인 순종이나 도덕성은 전혀 원하시지 않는다. 하나님은 자신이 가진 성자에 대한 기쁨을 우리와 나누기를 바라신다. 그렇다면 무엇이 가장 위대한 계명인가? "너의 하나님을 사랑하라"는 것이다(마 22:36-37). 이것이야말로 참된 경건^{God-likeness}의 뿌리다. 전심으로 그리스도를 기뻐하는 것보다 더 거룩한 것은 없다. 이보다 더 강력하게 우리 삶을 변혁하는 능력은 없다.

하지만 우리가 어떻게 가식 없이 그리스도를 우리의 가장 소중하고 값진 보화로 끌어안을 수 있는가? 우리를 향한 측량할 수 없는 그분의 사랑을 절감해야 한다. 그리스도께서 우리에게 얼마나 자애롭고 친절하신지, 지금도 그러하신지, 또한 우리 죄를 용서하기 위해 얼마나 인내하시고 많은 고통을 당하셨는지를 알 뿐 아니라, 우리가 추구하고 쫓아가는 모든 것들보다 진실로 훨씬 더 나으신 분이라

행복한 설교자

19세기 사람인 찰스 스펄전Charles Spurgeon은 세상으로 쏟아져 내린 큰 폭포수와도 같은 탁월한 설교자였다. 인간으로서 그의 삶은 항상 유쾌하며 생명력이 있었고, 목사로서 믿기지 않을 만큼 놀라운 결실을 거두었다. 그에게는 생수의 강이 흘러넘쳤다. 무엇이 그로 하여금 그런 생수의 강이 흘러넘치도록 만들었는가? 어디로부터 그런 원기와 충만함이 비롯되었는가?

두말할 나위 없이 그 답은 예수 그리스도다. 그리스도는 스펄전에게 보화와 생명이었고, 생각과 목회를 정리하는 중심축이었다. 스펄전은 성경을 최고로 여겼지만 무조건 최고로 여기지는 않았다. 성경이 바로 **그리스도의 말씀**이라는 사실에 기초해서 성경을 이해하고 사용했다. 또한 스펄전은 청교도들을 사랑했지만 그대로 답습하지는 않았다. 그들을 **그리스도의 전령**으로 이해하고 그들에게로 나아갔다. 스스로를 칼빈주의자로 공언했지만 칼빈주의 체계 자체를 위해서 그런 것은 아니었다. 그는 어떤 것이든 **그리스도를 가장 영화롭게** 한다고 여기는 신학을 받아들였다.

1861년 3월 25일에 메트로폴리탄 테버너클에서 행한 첫 설교에서 그는 "이 강단이 지속되고 이 교회당으로 예배자들이 나오는 한 예수 그리스도의 인격이 교회 목회의 주제가 되어야 한다"고 주장했다(설교, 7. 165). 스펄전은 교회에서 삼십 년을 목회하는 동안 이런 초심에서 조금도 엇나가지 않았다. 1891년 6월, 그는 마지막 설교를 하면서 다음과 같이 말했다.

예수님을 섬기는 것은 천국과도 같습니다. 저는 병사를 모집하는 하사관으로서, 지금 이 순간 함께 예수님을 섬길 신병들을 간절히 찾고 있습니다. 사람은 누구나 누군가를 섬길 수밖에 없습니다. 선택의 여지가 없습니다. 다른 사람을 주인으로 섬기지 않는 사람은 자기 자신의 노예입니다. 틀림없이 여러분은 사탄과 그리스도, 혹은 자기 자신과 구원자 가운데 하나를 섬길 것입니다. 여러분은 죄, 자아, 사탄, 세상과 같은 것들이 얼마나 무자비한 주인인지 알게 될 것입니다. 그러나 그리스도로 옷 입은 사람들은 영혼이 쉼을 얻을 만큼 그리스도의 마음이 온유하고 겸손하다는 것을 발견할 것입니다. 그리스도는 가

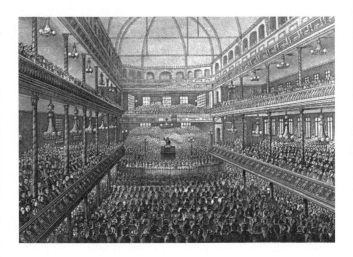

서레이 음악 홀을 가득 매운 청중들 앞에서 설교하는 스펄전(1858)

장 아량이 넓은 주인이십니다. 기품 있는 왕자 가운데서도 그리스도와 같은 이는 없습니다. 그분께서는 항상 가장 치열한 전장에 계십니다. 찬바람이 몰아치는 날에도 항상 바람이 가장 매섭게 몰아치는 곳에 계십니다. 그리스도의 어깨는 항상 십자가의 가장 무거운 부분을 떠받치고 있습니다. 우리에게 짐을 지고 가라고 명령만 하시는 법이 없습니다. 항상 그 짐을 같이 지고 가십니다. 어디든 은혜롭고 자비롭고 친절하고 부드럽고 사랑이 넘쳐나는 곳에서는 어김없이 그리스도께서 중심에 계신 것을 발견합니다. 저는 사십 년도 더 넘는 시간을 그리스도를 섬기며 살아왔습니다. 주님의 이름을 찬양합니다! 그동안 주님으로부터 사랑만 받았습니다. 동일하게 계속해서 사십 년을 더 섬기는 것이 하나님이 기뻐하시는 뜻이라면 기꺼이 그렇게 하겠습니다. 주님을 섬기는 것은 생명이요 평안이며 즐거움입니다. 오, 여러분도 곧바로 이 일에 참여하면 얼마나 좋을까요! 하나님이 여러분을 도우셔서 오늘이라도 당장 예수님의 깃발 아래 자원할 수 있기를 바랍니다! 아멘(설교, 37. 323-324).

이 말을 통해 볼 수 있듯이 스펄전은 그리스도를 설교했다. 막연한 "은혜"나 "천국"의 상급을 말하는 추상적인 복음이 아니었다. 그리스도를 **설교했다**. 그의 설교는 단순히 사람들에게 정보를 제공하는 강연이나 강의가 아니라 소집령을 발하는 전령의 외침이었다. 신자의 새 생명이 그리스도와 하나 되는 것에 관한 것이라면 마땅히 그래야 한다. 무엇보다 신부는 신랑의 말을 들어야 한다. 신랑이 얼마나 선한지, 그의 사랑이 얼마나 매력적인지 듣고 알아야 한다.

는 사실을 절감해야 한다. 그분께서 먼저 우리를 사랑하셨기에 우리가 그분을 사랑한다(요일 4:19). 다시 말해 내 모든 노력으로는 해낼 수 없지만 그리스도의 사랑이 해낸다. 그리스도의 사랑이 내가 진정 자유롭고 자발적으로 하나님을 사랑하고 다른 사람들을 사랑하도록 한다. 거룩을 **즐거워하고** 죄를 **미워하기** 시작한다. 하나님을 즐거워하고, 모든 선함과 진리와 아름다움 가운데 계신 그분께 반하는 모든 것을 미워하기 때문이다.

예수께서 친히 이 부분에 대해 놀랍게 말씀하셨다. "천국은 침노를 당하나니 침노하는 자는 빼앗느니라"(마 11:12). 다시 말해, 하나님의 맹렬한 은혜—마귀를 쫓아내고 우리를 위해 죽기로 결심하는 것—는 우리가 동일한 열정으로 맹렬하게 그분을 사랑하도록 이끈다. 강력한 바람이 하나님의 백성들 위에 임하여 맹렬한 불로 타오르도록 한다. 우리를 향한 하나님의 맹렬하고도 격렬한 사랑이 그분을 향한 우리의 무기력한 본성을 불사를 때 우리 역시 강렬함으로 하나님을 **바라기** 시작한다.

아들의 생명

그뿐만이 아니다. 여기에는 우리가 향유할 것이 훨씬 더 많다. 우리가 그리스도와 연합한다는 것은, 그리스도는 우리가 사랑하는 자요 자기 백성의 신랑이신 것은 물론 그분께서 우리의 머리요 우리 가운데 먼저 나신 자라는 뜻이기도 하다. 다시 말해, 그분 안에서 우리는 성부의 기쁨을 함께 누릴 뿐 아니라 그리스도께서 성부와 더불어 누리시는 생명에 참여한다. 그리스도 안에서 우리는 성부 앞에서 그분께서 누리셨던 흠 없는 확신을 가지고 선다. 이와 더불어 성령께서는 우리가 양자의 삶을 살도록 이끄신다. 그리스도께서 우리를 대신해 살고 죽으신 것은 우리 역시 그리스도와 더불어 살고 죽도록 하기 위함이다.

바로 여기서 성자의 정체성이 발견된다. 그분은 성부의 사랑받는 아들이시다. 그분께서 하신 모든 일들은 이런 그분의 정체성에서 기인한다. 죄책이나 무슨 필요 때문도 아니고 성부나 다른 존재의 환심을 사기 위한 것도 아니다. 성부께서는 영원토록 아들에게 넘치는 사랑을 부어주셨다. 성자가 그런 성부를 사랑하고 기쁘시게 하는 것은 당연하다. 지극히 자애로운 성부의 독생자로서 자기 아버지의 뜻을 행하는 것은 그분의 양식과 음료가 된다(요 4:34). 이것이 하나님의 아들의 생명이다.

그리고 이는 우리가 이끌리는 생명이기도 하다. 성부께서 사랑하는 독생자에게 자신의 사랑의 영을 항상 한없이 부으시는 것처럼, 이제는 "우리에게 주신 성령으로 말미암아 하나님의 사랑이 **우리 마음에 부은 바**" 된다(롬 5:5). 로마서 8장에서 바울은 "무릇 하나님의 영으로 인도함을 받는 사람은 곧 하나님의 아들이라. 너희는 다시 무서워하는 종의 영을 받지 아니하고 양자의 영을 받았으므로 우리가 **아빠** 아버지라고 부르짖느니라"고 썼다(14-15절). 그리스도인은 하나님 앞에서 절망적이고 불안정하게 살도록 하는 두려움과 종의 영을 받지 않았다. 물론 그리스도인도 그런 생각에 빠질 수 있고 화평과 희락을 잃어버릴 수 있다. 그렇다고 그런 상태로 사는 것이 신자가 부름받은 삶은 아니다. 신자들은 독생자의 영을 받는다. 그리고 이 영으로 말미암아 **성자의 거룩한 즐거움을 함께 맛보고 참여한다.** 이전에 도무지 불러본 적이 없는 **아빠** 아버지, 나의 사랑하는 아버지라는 말로 하나님께 부르짖는다. 양자의 영이 성자께서 성부를 향해 갖는 사랑으로 우리를 부르고 그 사랑에 함께 참여하도록 한다. 나를 지으신 하나님의 뜻이 마침내 처음으로 나의 삶에서 이루어진다. 여호와 나의 하나님을 사랑한다. 그리스도와 같이 나도 하나님과 함께 있기를 **원하고,** 내 마음을 하나님께 쏟아놓기를 **원한다.** 하나님을 기쁘시게 하고 그분 안에서 나의 안식을 발견하기를 **원한다.**

성부께서 성령 안에서 성자에게 부으시는 사랑은 **포괄적이다.** 이 사랑을 통해 아들은 자기 아버지를 사랑하게 될 뿐 아니라 자기 아버지께 있는 선한 관심을 공유한다. 예수께서 이사야 61:1-2로 자신의 사역을 선언하신 것도 이 때문이다. "주의 성령이 내게 임하셨으니 이는 가난한 자에게 복음을 전하게 하시려고 내게 기름을 부으시고 나를 보내사 포로 된 자에게 자유를, 눈먼 자에게 다시 보게 함을 전파하며 눌린 자를 자유롭게 하고 주의 은혜의 해를 전파하게 하려 하심이라"(눅 4:18-19). 성자께서는 성령의 열정과 권능을 힘입어 생명을 주시는 아버지의 축복과 자유와 치유를 가지고 세상으로 나아가셨다.

다시 말하지만, 이는 그리스도 안에 있는 자들을 위함이다. 이는

전심으로

갈렙은 내가 가장 사모하는 구약의 인물 가운데 하나다. 여호와 하나님을 전심으로 순종하였다고 성경이 반복적으로 언급하는 유일한 인물이기도 하다. 성경에서 갈렙은 처음에 모세가 가나안을 정탐하기 위해 보낸 이스라엘의 열두 정탐꾼 가운데 하나로 등장한다. 그러고 나서 성경은 "유다 지파에서는 여분네의 아들 갈렙"이라고 다시 그를 언급한다(민 13:6). 이를 통해 우리는 적어도 그에 대한 두 가지 사실—그가 유다지파이고 그의 아버지는 여분네였다는 사실—을 알 수 있다.

여기까지는 별로 새삼스러울 것이 없다. 하지만 민수기를 조금만 더 읽다 보면 그를 "그니스 사람 여분네의 아들 갈렙"이라 일컫는 것을 본다(민 32:12). 창세기에서 그니스는 가나안의 **이방** 족속 가운데 하나로 나온다(창 15:19). 그렇다면 갈렙은 혈통적으로 유대인이 아닌 이방 족속이었다는 말이다. 이런 사실을 생각하면 왜 그의 이름이 갈렙인지 짐작이 간다. 갈렙은 히브리어로 "개"를 뜻한다. 이스라엘 백성들은 보통 이방인들을 "이방의 개들"이라 불렀다. 이방인이었다가 이스라엘로 받아들여진 다른 많은 이방인들과 마찬가지로, 이 이방의 "개" 역시 왕의 지파인 유다 지파로 받아들여져 이스라엘 사람이 되었다. 이교도로 태어났음에도 이제는 유다 지파의 일원으로 동일하게 기업에 참여하게 된 것이다(수 15:13). 실제로, 광야 세대 가운데 약속의 땅으로 들어간 사람들은 여호수아와 갈렙이 전부였다. 인종적으로 볼 때 유대인과 이방인이 함께 하나님이 약속하신 가나안으로 들어간 것이다.

갈렙의 온전한 순종이 반복해서 언급되는 것은 성경을 기록하다 보니 결과적으로 발생한 일인가? 물론 그렇지 않다. 갈렙은 유다 지파로 기꺼이 받아들여졌고, 자신이 여호와 하나님과 그의 백성에 **속한** 자가 되었다는 것을 알게 되었다. 그는 바알 숭배를 멀리했고, 여든 후반이 되도록 여호와 하나님의 용맹한 군사로 남아 있었다. 양자됨이란 양자로 받아들여진 사람에게 감동을 주고 크나큰 영향을 미친다. 유다 지파의 아들로 양자된 갈렙이 그랬다. 하나님의 자녀로 양자된 우리도 마찬가지다. 이토록 놀라운 인애가 베풀어졌고, 이제 우리는 하늘 아버지께 속한 자들이 되었다.

다름 아닌 하나님의 자녀들이 부름받은 삶이다. 성부의 사랑으로 채워진 마음과 자기 자신이 아닌 성령으로부터 오는 능력을 가지고, 약한 자들과 잃어버린 자들을 향한 성자의 연민과 사랑을 나눈다. 성령께서는 우리를 다시 빚으셔서 우리가 성자의 즐거움, 곧 세상을 향한 성부의 관심과 더불어 성부를 닮아 가는 즐거움을 발견하도록 하신다. 하나님의 자녀들의 가슴은 성자의 기쁨, 사랑, 관심, 마음의 부르짖음으로 새롭게 고동친다. 점점 사그라드는 육신적인 본성을 따른 심장박동과는 전혀 다르다. 이 심장은 성령께서 영원한 생명을 불어 넣으실수록 더욱 역동적으로 뛴다.

이런 모든 사실이 어떻게 죄와 관계되는가? 바울은 로마서 6:2에서 우리는 죄에 대해 죽었다고 말한다. 그리스도와 함께 죽었고 그분과 더불어 새 생명으로 다시 살아났다. 객관적인 사실이다. 물론 여전히 남아 있는 많은 죄악 때문에 항상 그렇게 *느끼는* 것은 아니다. 하지만 성령께서 우리 안에서 온화하게 역사하심으로 우리는 이 진리를 개인적으로, 또한 날마다 경험으로 누리기 시작한다. 자신을 하나님의 참된 자녀로 알아 가고 그리스도를 알아 갈수록, 자신이 그만큼 죄에 대해서 죽는 것을 발견한다. 여전히 죄는 나를 넘어뜨리려고 하지만 이전과는 다르다. 내 안에서 이전의 죄악된 욕망이 죽어 가고 거룩한 열망이 새록새록 솟아나는 것을 발견한다. 이전에 그토록 애지중지하던 죄악들로부터 자유롭게 되기를 간절하고도 열렬히 바라는 자신을 발견한다. 나는 새 마음을 가졌다. 하나님의 자녀의 마음이다. 이 마음은 이전과는 다르게 느끼고 바란다. 그리스도처럼 느끼고 바란다. 사실 마음만이 아니라 모든 부분에 있어서 나는 새로운 피조물이다. 이전과 전혀 다르게 듣는 새로운 귀, 전혀 다르게 생각하는 새로운 지성, 전혀 다르게 행하는 새로운 손과 발, 전혀 다르게 말하는 새로운 혀를 가졌다.

히브리서 2장에는 이처럼 성자의 생명에 참여하는 모습을 시각적으로 잘 그려 내는 아름다운 대목이 있다. 시편 22편을 인용한 이 대목에서 예수께서는 "내가 주의 이름을 내 형제들에게 선포하고 내가 주를 교회 중에서 찬송하리라"고 하신다(히 2:12, 시 22:22). 이 말씀을 통해 우리는 다음과 같은 모습을 그려 볼 수 있다. 우리 중에 가장 먼저 나신 자가 하나님의 자녀들인 그의 형제자매들에게 둘러싸여 있고, 이 회중 가운데서 그분이 우리의 찬송을 인도한다. 그리스도는 우리의 궁극적인 예배 인도자시다(마 26:30, 롬 15:9). 하나님의 자녀들 앞에 서서 그들과 더불어 하나님을 찬양하신다. 그렇게 성자께서 "내가 그를 의지하리라"(히 2:13, 사 8:17) 하고 말씀하시면 우리는 모두 소리 높여 "아멘!"이라고 화답한다.

이는 하나의 순간 사진으로, 하나님의 자녀들 가운데 가장 처음 나신 자와 그분께서 형제, 자매라 부르기를 부끄러워하지 않는 자들 사이의 전체 관계의 한 장면을 담아낸다(히 2:11). 그분께서 자기 아버지의 뜻을 행하기를 즐거워하시고 성령께서(아주 더디지만) 우리 안에서 일하시는 가운데, 우리는 다 같이 그분의 즐거움에 참여한다. 그렇게 모인 회중들 앞에는 세상과 육체와 마귀를 이기신 그리스도께서 왕으로 서신다. 그 뒤에서 우리는 죄가 점점 우리 발아래 놓이는 것을 보고, 또한 그런 방식으로 사탄의 머리가 마침내 부서지기를 기다리면서 그리스도와 함께 승리를 누린다. 그리스도께서는 자기 백성과 세상을 위해 중보하는 대제사장이시다. 자기 백성을 위해 기도하시는 그리스도와 더불어 우리도 손을 모으고 함께 기도한다. 그분께서는 또한 자기 아버지를 세상에 알리는 선지자시다. 우리 역시 선지자로서 함께 이 일에 참여한다.

이는 그리스도께서는 자기 몫을 다 하셨으니 이제는 우리 차례라고 하면서 우리를 지치게 만드는 생각과는 전혀 다르다! 우리는 그리스도께 진 큰 빚을 갚기 위해 노력해야 하는 일에 얽매여 있지 않다. 성자와 연합한 우리는 그분의 생명에 참여한다. 우리의 기쁨, 기도, 선교, 거룩, 고난, 소망과 같은 모든 것은 성자의 생명에 **참여하는** 일이다. 하나님은 이른바 "영원한 생명"을 쥐어 준 뒤 이제 그것을 가지고 살라며 우리를 세상으로 떠미시는 분이 아니다. 그리스도인의 삶은 모든 책임을 다 짊어진 선구자로 세상을 살아가는 것이 아니다. 그리스도께서는 처음 나신 분이시고 우리는 그분을 뒤따르며 살아간다.

즉, 우리는 스스로 모든 일을 감당할 필요가 없다는 것을 알고 안심하며 생명을 따라갈 수 있다. 무엇을 하든 그 일에서 필수불가결한 것은 내가 아니다. 나는 단지 성자의 생명에 참여하여 그분의 고통과 관심과 고난과 기쁨을 함께 나눌 뿐이다.

두초의 마에스타Duccio's Maestà「갈보리 가는 길」(1311). 구레네 시몬이 그리스도의 십자가를 대신 지고 있다.

우리가 환란 중에도 즐거워하나니

고난을 피해 갈 수 있는 인생은 없다. 그리스도의 생명에 참여한 삶이라면 더욱 그렇다. "사랑하는 자들아, 너희를 연단하려고 오는 불시험을 이상한 일 당하는 것 같이 이상히 여기지 말고 오히려 너희가 그리스도의 고난에 참여하는 것으로 즐거워하라. 이는 그의 영광을 나타내실 때에 너희로 즐거워하고 기뻐하게 하려 함이라"(벧전 4:12-13). 그리스도는 우리 가운데 먼저 나신 분이요, 우리보다 앞서 가시는 분이다. 그분께서 가시는 곳에 우리도 간다. 이스라엘 백성이 언약궤를 따라 걸으며 광야를 지나 가나안에 이른 것처럼, 우리 역시 그분의 발자취를 따라 살아간다. 고난을 통해 영광에 이른다. 그렇기 때문에 고난을 성부께서 우리를 돌아보시지 않는 것으로 생각할

그리스도 안에서 사는 삶 |

수는 없다. 전혀 그렇지 않다. 오히려 우리를 자녀로 대하며 격려하시는 말씀을 기억해야 한다. "내 아들아 주의 징계하심을 경히 여기지 말며 그에게 꾸지람을 받을 때에 낙심하지 말라. 주께서 그 사랑하시는 자를 징계하시고 그가 받아들이시는 아들마다 채찍질하심이라"(히 12:5-6, 잠 3:11-12 인용).

우리가 당하는 모든 고난이 우리가 행한 결과에 따른 징계는 아니다(물론 때로는 징계로 고난을 당하기도 한다). 요지는 하나님은 고난마저도 우리의 궁극적인 유익을 위해 사용하신다는 것이다. 십자가에서 그렇게 하셨다. 칠흑과 같은 어두움과 가장 깊은 고난의 심연을 통해 흑암과 고난의 근원을 뒤집어엎고 이기셨다. 십자가 죽음을 통해 사망을 이기셨다. 하나님은 우리가 당하는 **상대적으로** 가벼운 고난을 통해 우리의 이기적인 독립성과 어리석은 방탕함을 물리치시고, 자유로우며 승리하시는 자신의 독생자를 닮아 가도록 하신다. 예수의 한없는 아름다우심을 어렴풋이나마 본 사람들에게 이런 생각은 그 자체만으로도 큰 용기와 격려가 된다. 우리 영혼을 시들고 파리하게 하는 죄의 권세로부터 자유롭게 되는 것이 무엇인지 그분 안에서 보았기에 자신도 그분과 같이 되기를 갈망한다! 그래서 사도행전 5장에서 베드로와 사도 일행은 산헤드린 공회 앞에서 채찍질을 당한 후에도 "그 이름(소중한 예수의 이름)을 위하여 능욕받는 일에 합당한 자로 여기심을 기뻐하면서 공회 앞을 떠나갔다." 채찍질이 저들을 상하게 하지 않아서 그런 게 아니다. 이들이 사랑해 마지않는 예수 그리스도와 같이 되고자 하는 열망이 채찍질의 아픔보다 더 강했던 것이다. 여기서 우리는 그리스도의 고난에 참여하는 즐거움이 얼마나 큰지 알 수 있다.

우리는 베드로에게서 세상이 이해할 수도, 설명할 수도 없는 두 가지를 본다. 첫째, 고난이 있고 나서 영광으로 이어지는 패턴이다. 둘째, 더욱 놀라운 것은 이것이 **고난이 있고 난 후에야 즐거움이 있다는 말은 아니라는** 사실이다. 그렇지 않다. 그리스도와 그의 백성들에게는 기쁨이 고난보다 앞선다. 그 기쁨이 고난을 뒤따르며 감소시키고 또 모든 고난을 집어삼킨다. 그리스도께서는 모든 고통을 당하시기 **이전에 먼저** 기쁨을 누리셨다. 심지어 세상이 있기 전부터 그리하셨다(잠언 8:30이 이 사실을 반영한다). 바로 이 기쁨으로 인해 그분께서는 고난을 개의치 않으셨다(히 12:2). 그리고 이 기쁨을 우리와 나누신다. 고난을 당하기에 앞서 이 기쁨으로 인해 우리는 고난을 감당할 만큼 강건해진다. 이것이 바로 그리스도를 위하여 기쁨으로 용감하게 고난을 짊어진 성도들에게서 한결같이 드러나는 복된 비밀이다. 그리스도 안에서 더 큰 기쁨을 발견할수록 그분과 더불어 더욱 기꺼이 고난을 당하고자 한다. 리처드 십스는 이렇게 말한다.

우리를 위해 그리스도께서 풍성하게 마련해 주시는 모든 일을 환영하고 그것에 기쁨으로 참여하는 일보다 그리스도를 더 기쁘시게 하는 것은 없다. 그렇게 함으로 우리는 그 일들을 허락하신 이를 영화롭게 한다. "주 안에서 항상 기뻐하는" 것은 그리스도인이 목표로 삼는 마음이다(빌 4:4). 그리스도와 더불어 즐거워하지 못하면서 그분을 위해 무엇을 한

단 말인가? 그리스도를 즐거워하지 않는 사람은 그분과 더불어 받는 고난 역시 달갑지 않을 것이다. 그리스도와 더불어 기뻐하고 그분 안에서 즐거워하지 않는 사람은 그분과 더불어 고난에 동참하기를 바라지 않는다.[4]

다시 말해, 다가올 고난을 잘 감당하고 심지어 그것을 즐거워하려는 그리스도인은 **무엇보다 먼저 예수에 대해 들어야 한다**. 그리스도를 사랑하고 바라도록 우리의 눈을 그리스도의 영광—그분께서 얼마나 모든 것을 만족케 하시는 분인지—으로 가득 채워야 한다. 그럴 때라야 비로소 우리가 당하는 모든 고난 중에도 실제로 **기뻐할** 수 있다. 고난 중에도 즐거워할 정도로 그리스도를 닮기를 간절히 사모할 것이기 때문이다.

상함을 입으시고……또 상하게 하시는

그리스도 안에서의 고난은 사방으로 기쁨에 휩싸인다. 마찬가지로 그 고난은 최고로 가슴 벅찬 소망으로 둘러싸이고 규정된다. 성경에서 그리스도의 고난이 맨 먼저 언급되는 대목을 보자. "내가 너로 여자와 원수가 되게 하고 네 후손도 여자의 후손과 원수가 되게 하리니 **여자의 후손은 네 머리를 상하게 할 것이요 너는 그의 발꿈치를 상하게 할 것이니라**"(창 3:15). 이는 물론 **바로 그 약속된 아들이요 여자의 후손인** 그리스도를 가리켜 하신 말씀이다. 그러나 사도 바울은 이 약속이 또한 그리스도 안에 있는 모든 사람들에게 적용될 수 있다고 믿었다. 그래서 사도 바울은 "평강의 하나님이 속히 사탄을 너희 발 아래에서 상하게 하시리라"고 말한다(롬 16:20). 그리스도인들은 친히 상함을 입으시고 **또** 뱀의 머리를 상하게 하시는 그리스도와 연합했기 때문이다.

상함을 입으신 자와 연합한 그리스도인들은 특별한 고난의 삶에 참여한다. 사탄의 괴롭힘을 받고 세상의 대적을 받으며 전에 사랑하던 죄를 점점 비참하게 느끼는 그리스도인들은 기존의 삶의 고통보다 더한 고통을 마주한다. 하지만, **그렇더라도** 우리는 그리스도께서 친히 그리하셨던 것처럼 영광을 향해 갈 뿐 아니라, **심지어 지금 이 땅에서 우리가 상함을 입는 것과 마찬가지로** 우리의 만형이신 그리스도와 더불어 지금부터 어느 정도 뱀의 머리를 상하게 한다! 그리스도를 즐거워하고 죄를 거부하며, 그리스도를 전하고 그분의 사랑을 보여줄 때마다 실제로 그리스도의 승리를 살아간다. 뱀의 머리를 밟는다. 이것이 바로 성경이 그리는 큰 그림이다. 이것이 결코 승리주의는 아니다. 하지만 분명 승리의 기쁨을 누리는 삶이다. 사탄은 우리 발꿈치를 물어뜯지만 우리는 그의 머리를 부스러뜨린다. "우리가 사방으로 우겨쌈을 당하여도 싸이지 아니하며 답답한 일을 당하여도 낙심하지 아니하며 박해를 받아도 버린 바 되지 아니하며 거꾸러뜨림을 당하여도 망하지 아니하고 우리가 항상 예수의 죽음을 몸에 짊어짐은 예수의 생명이 또한 우리 몸에 나타나게 하려 함이라"(고후 4:8-10).

"나는 포도나무요 너희는 가지니"

이 단순한 이미지가 얼마나 많은 일을 하는지 생각해 보면 정말 놀라울 따름이다. 여기에 그리스도와 신자의 연합과 교제가 있다. 그분은 포도나무요 우리는 가지다(요 15:1-8). 그분과 우리는 하나다. 핵심적이고 친밀한 연합을 이룬다. 거리가 없다. 포도나무는 가지를 위해 아낌없이 모든 것을 준다. 모든 생명력을 가지로 흘려보낸다.

포도나무와 가지의 이미지는 그리스도인의 삶의 본질을 현저히 보여준다. 그리스도를 떠나서는 생명이나 참된 부요함이 없다(요 15:5). 그리스도를 떠난 우리는 기껏해야 마른 막대기에 불과하다. 그리스도와 상관없이 스스로 강하고 유능하게 여긴다면 결국 기진맥진해 쓰러져 버릴 것이다. 당신이 가진 매력, 똑똑함, 의지력, 결심으로 할 수 있는 것이 무엇인가? 정확히 말해 아무것도 없다. 어쨌든 사람에게서는 아무 **선한 것도** 날 수 없다. 나무가 먼저다. 가지가 아니다. 가지가 열매를 맺는 것은 **포도나무에 접붙기 위해 혹은 머물러 있기 위해서가** 아니다. 오히려 포도나무의 생명을 받을 때 가지가 열매를 낼 수 있다는 말이다. 우리의 역할은 포도나무의 가지로 남아 있는 것이다. 그럴 때 성령의 기름진 수액이 우리를 관통해 열매를 내도록 한다.

그리고 포도밭 주인인 우리의 아버지는 우리를 다듬어 더 많은 열매를 내도록 한다(요 15:2). 고난받는 신자에게 얼마나 위로가 되는 말씀인지 모른다! 저장고를 가득 채울 욕심에 포도 열매를 많이 내려고 아무렇게나 가지를 베는 탐욕에 찬 얼간이의 모습이 아니다. 포도밭의 주인은 성부다. 그리고 포도나무는 성자다. 사울이 자기 백성을 핍박했을 때 예수께서 느끼셨을 고통이 어땠을지 생각해 보라. "사울아 사울아, 네가 어찌하여 **나를** 박해하느냐"(행 9:4). 탐욕에 찬 무자비함과는 전혀 상관없는 모습이다. 오히려 열매 맺지 못하도록 자기 백성을 얽어매는 모든 종노릇에서 해방시키시고 포도나무의 풍성한 생명으로 이끌어 들이기 위한 애정으로 가지를 치시는 분이다.

그렇다면 우리가 할 일은 그냥 가지로 남아 있는 것인가? 이는 지극히 피동적으로 들릴 뿐 아니라 항상 선한 싸움을 싸우고 믿음의 경주에 힘썼던 바울의 모습과는 상당히 거리가 있어 보인다(딤후 4:7). 그러나 예수께서 비유

를 설명하시는 가운데 "남아 있다"는 말의 의미가 "가만히 있는" 게 아니라
는 것이 분명해진다. 그리스도의 말씀이 우리 안에 거하고(요 15:7) 우리가 그
리스도의 사랑 안에 거한다는 말이다(요 15:9). 그리스도인의 싸움의 중심지
가 바로 여기에 있다. 그리스도의 사랑의 복을 우리의 수액과 양식으로 취하
는 것이다. 이는 성경을 아는 지식으로 채워진다는 것이고, 따라서 성경에 대
한 무지는 곧 그리스도에 대한 무지를 의미한다. 하지만 이뿐만이 아니다. 예
수께서는 "성경을 연구하는" 자들에게 말씀의 주인이신 하나님이 보내신 아
들을 믿지 않기 때문에 "그 말씀이" 남아 있지 **않는** 것이라고 하셨다(요 5:38,
39). 성경을 읽거나 듣는 이유가 있다는 것이다. 이 말씀대로 하면 그리스도
를 알고 사랑하며 의지하여 생명을 얻되 풍성히 얻기 위해 그분께 나아간다
(요 5:40). 말씀 선포를 통해 그리스도가 하시는 말씀을 듣고 그분을 노래하
며, 그분의 피조물 가운데 아름다움을 지으시고 친히 그 아름다움의 원형이
되시는 그분을 즐거워하고, 사랑과 인애의 행위를 통해 그분의 향취를 느낀
다는 말이다. 그렇게 할 때 열매가 자란다.

　여기에서 사람들이 약간 거북해 하는 내용이 있다. 다름 아닌 아버지께서
"열매를 맺지 아니하는 가지는" 제거해 버리신다고 하는 대목이다(요 15:2).
이것은 그리스도인으로서 책무를 다하지 않으면 솎아 내어 불살라 버리신다
는 말인가?(요 15:6) 그렇지 않다. 참된 가지, 다시 말해 포도나무의 생명을 받
아 사는 참된 가지는 결코 잘려 나가지 않는다. 예수께서는 앞서 이렇게 말씀
하셨다.

나를 보내신 이의 뜻은 내게 주신 자 중에 내가 하나도 잃어버리지 아니하고 마
지막 날에 다시 살리는 이것이니라. 내 아버지의 뜻은 아들을 보고 믿는 자마
다 영생을 얻는 이것이니 마지막 날에 내가 이를 다시 살리리라(요 6:39-40).

내가 그들에게 영생을 주노니 영원히 멸망하지 아니할 것이요, 또 그들을 내
손에서 빼앗을 자가 없느니라(요 10:28).

예수께서는 잡히시기 전날 밤 다락방에서 제자들에게 포도나무 비유를 말씀하셨다. 유다가 예수를 배반하고 팔아넘기려고 자리를 뜬 뒤였다. 이 문맥의 요지는 분명하다. 하나님의 백성과 더불어 지내면서도 결국에는 그리스도의 사랑이 자신을 위한 수액과 양식이 아니었음을 드러내는 자들이 있다는 말이다. 수액이 없는 가지가 열매를 맺지 못하는 것은 당연하다. 다시 말해, 여기서 말하는 죽은 가지는 연약하고 잠시 죄에 빠진 **신자들이 아니라** 마침내 자신이 포도나무에 **결코** 접붙었던 적이 없는 것으로 드러나는 자들을 가리킨다.

그리스도께서는 신자들이 그리스도와 자신의 관계에 대한 분명한 지식을 갖기를 원하신다. 요한은 "내가 하나님의 아들의 이름을 믿는 너희에게 이것을 쓰는 것은 너희로 하여금 너희에게 영생이 있음을 **알게** 하려 함이라"고 기록한다(요일 5:13). 자신이 포도나무에 접붙임을 받았는지 여전히 걱정된다면 바로 지금 그리스도께 나아가라. 그분께서는 "내게 오는 자는 내가 결코 내쫓지 아니하리라"고 말씀하신다(요 6:37). 그리스도께 나아가라. 그리고 자신을 안전하게 지키는 것은 스스로 갖는 신실한 느낌이 아니라 나를 안으시는 그리스도의 사랑스럽고 전능한 팔이라는 것을 알라.

근본적 정체성

이번 장의 요지는 간단히 말해 이렇다. 그리스도와 우리의 연합은 단순히 그리스도인의 삶이라고 하는 메인 요리로 들어가기 전에 먹는 앙트레, 또는 스테이크가 나오기를 기다리면서 가만히 뒤로 밀어 놓는 스프에 불과한 것이 아니다. **무언가 다른 삶**으로 들어가기 위해 통과해야 하는 현관도 아니다. 그리스도와의 연합은 그리스도인의 삶에서 스테이크이자 거실이다.

하지만 우리는 안방이나 거실이 아닌 다른 곳에서 쭈뼛거리고 있기 십상이다. 내 경우에는, 주어진 시간에 내가 하는 일의 경중을 가지고 **내가 누구인지** 여길 때가 많다. 그럴 때면 어느새 나는 그리스도 안에 있는 하나님의 아들이 아니라 성공과 인기 여부로 스스로를 판단한다. 하루가 어떻게 갔는가를 두고 판단한다. 솔직히 말해 그리스도 안에서 정의되지 않은 나는 한껏 바람이 들어 금방이라도 터질 것 같은 풍선처럼 위태롭기 그지없다. 성공이나 인기에 따라 나를 정의하기 시작하면 그런 것들이 나에게 필요 이상으로 중요한 문제가 된다. 성공이나 인기를 가졌다고 생각하면 내 자아는 끝도 없이 부풀어 오르고 그렇지 않은 것 같으면 파열되어 쭈그러들고 만다. 그러나 의식적으로 나의 정체성을 그리스도 안에서 발견하고 정의한다면 그런 일은 없을 것이다. 그분은 어제나 오늘이나 영원토록 동일하신 분이기 때문이다.

이는 단지 나의 개인적 온전함만을 위한 것이 아니다. 그리스도인들이 그리스도가 아닌 다른 것들로 자신을 정의하면 주변의 모든 공기를 오염시킨다. 그렇게 권력과 인기를 추구하다가 그것을 얻으면 교만해져 은근히 자신을 과시하고 안하무인으로 사람을 괴롭히기 마련이다. 그리고 성공과 인기를 얻지 못하면 원망과 증오로 성마르게 되기 십상이다. 성공으로 어쩔 줄 모르든지 성공하지 못해 신경질적으로 변하든지 두 경우 모두 잘못된 것에 필요 이상으로 마음을 둔 필연적인 결과다. 그리스도가 아닌 다른 것으로 자신을 정의하는 사람은 바로 그 다른 것을 닮아 간다. 추한 모습이다.

그러므로 그리스도와의 연합에는 우리 마음을 깊이 갈아엎는 일이 포함된다. 그리스도와의 연합은 즉각적이고 자동적으로 우리에게 새로운 **지위**를 부여한다. 하지만 우리 자신이 깊은 진리를 **느끼는** 새로운 지위와 정체성을 갖는 일은 근본적으로 계속해서 이루어져 산다. 그럼에도 이것이 바로 신자의 주된 정체성이고 진정한 그리스도인의 삶을 위한 유일한 토대다. 그렇다면 우리는 자신의 건강과 기쁨과 교제를 위해 성부 앞에서 성자의 생명에 함께 참여한 사실 외에 다른 것—자신의 배경, 능력, 지위—으로 자신의 정체성을 삼으려는 은밀한 생각과 맞서 싸워야 한다.

주의 얼굴빛을 비추사 우리가 구원을 얻게 하소서

그리스도께서 우리의 생명이시고 우리는 생명이신 그분을 누리면서 그분 안에서 존재하고 행하기 때문에, 그리스도는 경건의 비밀과 신

바람에 풍랑이 이
는 것을 보고 물에
빠지는 베드로(마
14:29-30)

비이실 수밖에 없다. 바울은 "크도다, 경건의 비밀이여"라고 하면서
이렇게 말한다.

그는 육신으로 나타난 바 되시고

영으로 의롭다 하심을 받으시고

천사들에게 보이시고

만국에서 전파되시고

세상에서 믿은 바 되시고

영광 가운데서 올려지셨느니라(딤전 3:16).

경건의 비결은 기술이나 방법, 습관이 아니다. 그리스도다. 정확히
말해서 죄란 그리스도가 없는 것이다. 그리스도와 상관없는 자기 계

발과 도덕적 변화를 위한 모든 노력은 죄다. 오직 그리스도를 알고 의지할 때 우리는 살아 계신 하나님을 닮아 가고 그분의 생명력에 참여할 수 있다.

이는 무엇보다도 우리가 보고자 하는 것이 무엇인지가 중요하다는 말이다. 무엇으로 우리의 시야를 채우는지가 중요하다. 무엇이든 우리의 관심을 사로잡는 것(예수의 말씀을 빌리자면, 무엇이든 우리 안에 "있는" 것)이 우리의 생각과 동기와 행동을 이끌어 가고 형성하기 때문이다. **사람은 곧 자신이 보는 것이다.** 미셸 푸코^{Michel Foucault}는 로마 가톨릭에서 고해를 시행하는 것을 보고 이 사실에 주목했다. 16세기 종교개혁 이후 다시 교회 내 질서를 확립하려고 했던 로마 가톨릭은 사제에게 죄를 고해하는 일을 보다 강력히 추진하고 격려했다. 자신의 죄악됨을 인정하고 고백함으로 사람들이 더 깊이 경건을 추구할 것으로 기대했던 것이다. 하지만 푸코가 실세로 본 것은 사람들이 자신을 더욱 **죄인으로** 확인할 뿐이라는 사실이었다. 물론 사제가 고해자에게 면벌을 말하기는 하지만, **고해라는 전체 행위**는 고해자가 고백한 죄에 초점을 맞춘다. 결국 계속 죄를 **바라보게** 되고 고해자는 오히려 자신이 어떻게 해서라도 벗어나 보려고 하는 것들에 더 매여 살게 된다(물론 자기를 돌아보는 것 자체를 부정하는 것은 아니다. 다만 그렇게 **자기에게 몰두하는 것** 자체가 경건의 비밀은 아니라는 말이다).

생명과 의로움과 거룩과 구속은 예수 안에서 발견되고, 예수를 **바라보는** 사람만이—오직 그들만이!—이런 것들을 발견할 수 있다. 좀 더 분명히 말하자면, 이는 그분이 어떤 분이신지 배워서 조금 안

후에 가서 그분처럼 되려고 애쓴다고 해서 가능한 게 아니다. 우리는 오직 **그리스도를 바라봄으로** 그분을 닮아 간다. 그분을 주목함으로 변화가 일어난다. 지금 믿음으로 그리스도를 묵상함으로써 그분의 형상으로 변화해 간다(고후 3:18). 그분의 영광은 참으로 강력하다. 그래서 그분께서 다시 오실 때 우리는 그분을 직접 보고 그분과 같이 될 것이다. "우리가 그와 같을 줄을 아는 것은 **그의 참모습 그대로 볼 것이기 때문**"이다(요일 3:2). 영화롭게 되신 예수를 밝히 봄으로 그 영광이 우리에게 놀랍게 역사하여 우리 몸도 완전히 변화시킬 것이다. 성령으로 말미암아 예수를 보는 지금은 영적으로 그분을 닮아 간다. 그리고 얼굴과 얼굴을 맞대고 그분을 직접 바라보는 그날에는 마침내 우리의 몸과 영혼 모두 그분처럼 변화될 것이다. 그렇기 때문에 지금 이 땅에서 그리스도를 묵상하는 것은 새벽 미명에 새벽별을 보는 것과 같이 소망이 가득하고 황홀한 일이다. 그 별은 앞으로 다가올 더욱 큰 빛에 대한 약속을 비추는 빛이다. 천국을 미리 맛보는 것이다.

그리스도를 보는 것을 빛이라는 말로 표현한 것은 아주 적절하다. 예수를 보는 것은 영광스런 빛이 어둠을 향해 분출되는 것과 같기 때문이다. 이 빛이 우리 지성을 비추고 얼굴을 빛나게 하며 어둠을 몰아낸다. 이것이 은혜다. 은혜로운 심판이다. 그분의 완전한 빛이 율법이 하는 것과는 비교할 수 없이 우리의 불완전함을 **낱낱이 드러낸다**. 그렇게 우리 자신을 제대로 볼 수 있도록 해준다. 존 칼빈이 "먼저 하나님의 얼굴을 보지 않으면 사람은 결코 자신을 제대로 알

수 없다"고 말한 것과 같다.[5] 하지만 그것이 전부가 아니다. 그 빛은 우리의 불완전함을 드러낼 뿐 아니라 이를 이기도록 하고 우리를 해방시킨다. 또한 자기 계발을 위한 어떤 노력과도 비교할 수 없을 만큼 효과적으로 우리를 고쳐 온전케 한다. 스펄전이 말한 것처럼 밤새 우리 마음을 뒤덮고 있던 하얀 서리가 정오의 태양 빛에 온데간데없이 사라지는 것과 같다.

하얗게 대지를 덮고 있던 눈이 햇빛에 말끔히 녹아 사라지는 모습만큼 실감나게 이 사실을 보여주는 것도 없다. 밤새 내린 눈으로 나뭇가지마다 눈꽃이 피고 온 대지가 하얗게 덮였어도, 해가 떠올라 온 지면에 햇빛과 온기를 보내면 몇 시간 지나지 않아 눈은 온데간데없이 사라진다. **수천 대의 마차와 말들과 기계들을 동원한들 이보다 더 효과적으로 말끔하게 치울 수 있을까?** 말 그대로 눈 녹듯이 사라진다. 새 창조를 통해 주께서 우리 안에서 하시는 일이 이와 같다. 그분의 사랑이 영혼을 비추고 그분의 은혜가 우리를 새롭게 하며 이전 것은 온데간데없이 사라진다.……겨우내 얼었던 지면이 태양의 빛과 온기로 새 봄을 맞이하는 것처럼, 은혜와 진리로 빛나는 그분의 복된 얼굴빛이 우리 영혼을 비추면 오래 덮였던 죄의 서리가 녹고 새로움의 꽃망울이 움트는 은혜의 봄이 찾아온다.[6]

바울은 이를 가리켜 이렇게 표현한다. "모든 사람에게 구원을 주시는 하나님의 은혜가 나타나 우리를 양육하시되 경건하지 않은 것과

이 세상 정욕을 다 버리고"(딛 2:11-12). 다시 말해 그리스도 안에서 하늘로부터 나타난 하나님의 은혜로 우리 마음이 세상의 정욕에서 경건한 열망으로 돌아선다. 자신의 노력과 힘으로 자기를 계발하느라 자기에게만 함몰된 무정하기 이를 데 없는 영혼에 그리스도 안에 있는 하나님의 자애로움이 나타나 그 마음을 **자기 자신으로부터 하나님께로** 되돌려 놓는다. 오직 그리스도의 사랑만이 뒤틀릴 대로 뒤틀린 인간의 마음을 바로잡을 능력이 있다.

사실이 이렇다면 현대 기독교의 상황에 우려를 표하지 않을 수 없다. 허둥지둥 분주하게 살아가느라 우리의 시선은 그리스도가 아닌 **이 땅의 것들에** 고정되어 있다. 데이비드 베빙턴David Bebbington 교수는 복음주의를 규정하는 네 가지 특징 가운데 하나로 **행동주의**activism를 꼽았고 이는 일리가 있는 말이다. 사실 자신이 활동가라고 해서 스스로를 복음주의자로 분류할 필요는 없다. 하지만 행동주의가 그 자체로 나쁜 것은 아니라 하더라도(결국 그리스도인들에게는 사명이 있기 때문에) 많은 경우 자기 의존적으로 흐를 경향이 다분하다. 현대 기독교의 특징 가운데 하나로 번아웃 증후군burnout syndrome이 빈번하게 사람들의 입에 오르내리는 것은 새삼스런 일이 아니다.

어떻게 해야 하는가? 계속해서 아래만 쳐다보면서 시간 관리를 더 철저히 하고 스트레스를 덜 받기 위해 보다 융통성 있게 살아가는 등의 노력을 기울일 수 있다. 하지만 이런 노력들은 궁극적인 몰락을 일시적으로 미루는 미봉책에 불과할 뿐 답은 아니다. 우리의 영적인 탈진의 **근원**을 다뤄야 한다. 여기 존 오웬의 처방이 있다.

우리 가운데 혹시 은혜에서 퇴보하여 열의가 사그라지고, 무감각하고, 냉랭하고, 영적으로 우둔하고 부주의하게 살아가는 사람이 있는가?……믿음으로 그리스도의 영광에 대한 조망과 이해를 새롭게 하고 꾸준히 그 안에 머무는 것 외에 여기서 벗어나는 다른 길이 없음을 분명히 확신해야 한다. 모든 은혜를 다시 회복하도록 변화시키는 능력을 얻기까지 그리스도와 그분의 영광을 끊임없이 묵상하는 것만이 유일한 해결책이다.[7]

사실 오웬 자신은 그리스도를 묵상함으로 그보다 더 큰 능력을 얻는다는 사실을 몸소 경험한 사람이었다. 오웬은 비통한 마음이 어떤 것인지 누구보다 잘 아는 사람이었다. 1650년대에 그는 옥스퍼드 대학의 부총장으로서 영향력 있고 성공적인 한때를 보냈다. 하지만 그의 생애 후반에는 새롭게 들어선 정부로부터 끊임없는 공격과 방해를 받고 사회에서도 소외되는 등 불확실하고 불안정한 시기를 보내야 했다. 그런 엄청난 사회적 압박도 모자라, 아내 메리를 포함해 열한 명의 모든 자녀들을 자기보다 훨씬 먼저 땅에 묻어야 했다. 열 명의 자녀를 잃은 후 그는 이렇게 적었다. "그리스도의 영광에 대해 바르게 묵상해 갈수록 내 마음이 점차 회복되고 안정될 것으로 믿는다.……신자들의 마음을 이생의 모든 일보다 훨씬 더 높이 고양시키는 그리스도에 대한 묵상은 그런 문제들이 가진 모든 독소를 제거하는 최상의 해독제다. 이 해독제가 없다면 신자들의 영혼은 그 독소들로 인해 갈피를 잡지 못하고 문제에 속박되어 버릴 것이다."

죽음, 죄, 슬픔, 굴종, 좌절. 이 모든 문제를 위한 해독제는 그리스도 안에 있다.

5

주 예수여, 오시옵소서!

이 예수

이스라엘에서는 매 오십 년째 되는 해를 자유와 안식의 해인 희년으로 기념했다. 희년에는 빚을 탕감받고 노예가 해방되며 사람들과 그들이 거하는 땅 모두가 안식을 맞았다. 파종이나 추수를 하지 않았다. 희년은 성경의 우주적 소망을 미리 맛보는 해, 곧 우리의 모든 빚을 탕감받고 부패와 악에 사로잡혀 매여 있던 데서 해방되며 온유한 자가 땅을 물려받는 해였다.

희년은 다음과 같이 시작되었다.

> 너는 일곱 안식년을 계수할지니 이는 칠 년이 일곱 번인즉 안식년 일곱 번 동안 곧 사십구 년이라. 일곱째 달 열흘날은 **속죄일이니 너는 뿔나팔 소리를 내되** 전국에서 뿔나팔을 크게 불지며 너희는 오십 년째 해를 거룩하게 하여 그 땅에 있는 모든 주민을 위하여 자유를 공포하라. 이 해는 너희에게 희년이니 너희는 각각 자기의 소유지로 돌아가며 각각 자기의 가족에게로 돌아갈지며(레 25:8-10).

대제사장의 속죄제는 이 평화의 해가 시작된다는 신호였다. 대제사장이 희생제물의 피를 가지고 지성소에 들어가 속죄소 위에 뿌리고 나오면 온 땅에 희년의 안식을 알리는 나팔소리가 울려 퍼졌다. 신약성경을 읽은 사람들에게는 이 모든 것, 곧 피로 값 주고 산 만물을 위한 뜻을 알리는 나팔소리가 익숙하게 들릴 것이다(고전 15:52, 살전 4:16). 그도 그럴 것이 대제사장이 지성소로 **들어가는** 모습이 그리스도의 승천을 가리키는 표지인 것처럼, 제사를 마치고 **돌아오는** 대제사장의 모습은 그리스도의 재림을 생각나게 하기 때문이다. 특별히 속죄제를 드리고 대제사장이 돌아오며 나팔이 울리는 해, 모두가 함께 기뻐하는 희년에는 더욱 그렇다.

대제사장이 지성소에서 다시 회중에게로 돌아오는 모습을 그리며 우리는 큰 위로를 얻는다. 지성소 안으로 들어간 사람과 지성소 밖으로 나오는 사람이 **같다**. 이는 곧 예수께서 승천하신 하늘을 처다보고 있던 제자들에게 천사가 나타나 "너희 가운데서 하늘로 올려지신 **이 예수**는 하늘로 가심을 본 그대로 오시리라"고 한 것을 뜻한다(행 1:11). 나팔이 울리고 천하를 심판하실 재판장이 나타날 때 우리는 우리 가운데 처음 나신 자를 볼 것이다. 그분은 우리를 구속하기 위해 죽으신 바로 그 예수다. 하이델베르크 교리문답은 이 부분을 이렇게 언급한다. "'산 자와 죽은 자를 심판하러' 그리스도께서 다시 오신다는 사실로부터 당신은 어떤 **위안**을 얻습니까?" ("얼마나 끔찍한 생각이 드는가?"라고 하지 않고 "어떤 위안을 얻습니까?"라고 감동적으로 묻는다.) 그리스도를 의지하는 모든 신자들이라면 다음과 같이 바르게 대답하기를 주저하지 않을 것이다.

> 어떤 어려움과 핍박 중에 있더라도
> 이미 나를 대신해
> 하나님의 심판을 담당하사
> 모든 저주를 없이하신
> **바로 그분께서**
> 재판장으로 하늘로부터 다시 오시기를
> 머리 들어 간절히 기다립니다.[1]

이 대답이야말로 종교개혁 신학을 노래한 것이다. 중세의 로마 가톨릭 아래에서 하나님 앞에 스스로 공로를 마련해야 했던 사람들에게 그리스도의 재림은 전혀 위로가 될 수 없었다. 끔찍하게 생긴 마귀들이 벌거벗겨진 망자를 불 속으로 밀어 넣는 최후의 심판을 묘사하는 중세의 프레스코 벽화를 보면, 당시 사람들이 마지막 날을 생각하며 가졌을 원색적인 두려움과 공포를 느낄 수 있다. '진노의 날'*Dies Irae*, 죽은 사람을 위한 미사에서 불리던 진혼곡 가사를 통해서 이런 두려움을 들을 수 있다. "진노의 날, 온 천지 세상 만물이 풀어져 재가 되는 그날……그날에는 의인들도 보전되기 어려운데, 비천한 내가 무슨 말을 하며 누가 나를 위해 신원할까? 두려운 위엄의 왕이시여.……그날에 나를 구하소서.……내 기도는 아무런 가치가 없지만 당신의 기도는 그렇지 아니하니, 영원한 화염에 살라지지 않도록 선하신 하나님이여, 인자를 베푸소서."

물론 그리스도께서 실제로 우리와 하나가 아니고 자신과 상관없이 우리를 내버려 둠으로써 어떻게 해서든 내 스스로 영원한 운명을 결정지어야 한다면, 예수께서 다시 오시는 날을 이렇게 보는 것은 당연하다. 그런 상태에서 마지막 날이 이보다 더 나을 것으로 생각하고 기대하는 것은 사실 오만한 망상일 뿐이다. 하지만 그리스도께서 우리보다 앞서 가신 자, 우리의 머리, 신부인 우리를 위해 처소를 예비하러 가신 신랑이라면 이야기가 달라진다. 그분께서 다시 오시는 날이 더 이상 파멸의 날이 될 이유가 없다. 이날을 일컬어 마르틴 루터는 "가장 행복한 최후의 날"이라 불렀다. 그리스도께서 영광 가운데 계시기 때문에 그분께 속한 자들 역시 그분과 함께 있는 것이 마땅하다. 몸이 없이는 머리가 영광을 누릴 수 없다. 신랑은 자기 것을 혼자만 누리지 않을 것이다. 그러므로 그리스도인들은 확신을 가지고 그날을 우리가 노래할 때로 알고 기다릴 수 있다. "우리가 즐거워하고 크게 기뻐하며 그에게 영광을 돌리세! 어린양의 혼인 기약이 이르렀고"(계 19:7). 온 천하를 심판하시는 이는 다름 아닌 우리를 위해 자기 피를 흘리신 바로 그분이시다.

어린양이 그 등불이 되심이라

그리스도는 우리가 가진 장래의 모든 소망의 원천과 중심이시다. 실로 그렇다. 그리스도가 아닌 다른 것을 중심과 본질로 하는 소망은 무

알브레히트 뒤러Albrecht Dürer 「어린양 예배」

엇이든 기본적으로 그리스도인의 소망과 상관이 없다. 우리는 "나라
가 임하시오며"라고 기도한다. 죄와 부패의 종노릇하는 상태가 종식
되기를 열망한다. 그러나 교회가 가진 중심적인 소망은 신랑과 얼굴
을 마주 대하고자 하는 신부의 열망과 맥을 같이한다(계 22:17). 하나
님이 주신 위대한 약속들의 핵심은 바로 이것이다. "내가 그들과 함
께 하리라"(레 26:12, 겔 37:27, 고후 6:16, 계 21:3). 그리스도인들은
"복스러운 소망과 우리의 크신 하나님 구주 예수 그리스도의 영광이
나타나심"을 열망하는 사람들이다(딛 2:13, 고전 1:10). 우리는 **"마라
나타**! 아멘, 주 예수여, 오시옵소서"라고 부르짖는다(고전 16:22, 계
22:20). 주 예수가 없는 천국은 더 이상 천국이 아닐 것이기 때문이다.

이는 최종적으로 악을 정복하고 우리 몸이 부활하는 것은 부차
적이고 사소한 일인 양 **그분만이 중요한 모든 것**으로 드러난다는 말

은 아니다. 하지만 그분이야말로 새 창조의 모든 복의 **원천과 근원**이 시기에 그분이 중심인 것은 당연하다. 그분은 흑암을 몰아내는 빛이시다. 사망을 이기는 생명이시다. "그가 근본이시요 죽은 자들 가운데서 먼저 나신 이시니"(골 1:18). 이런 그리스도가 우리의 중심일 때 우리는 그분께서 가져오시는 모든 복을 누리게 될 것이다. 우리는 새롭게 변화되고 죄로부터 자유롭게 되며 물리적으로도 완전해져 그분처럼 되는 자신을 발견할 것이다. **그분의 참모습 그대로를 볼 것이기 때문이다**(요일 3:2). 그럴 때 "피조물도 썩어짐의 종노릇한 데서 해방되어 하나님의 자녀들의 영광의 자유에" 이르게 된다(롬 8:21). 개인들의 변화와 우주적 갱신과 같은 모든 일들은 예수께서 왕으로 선포되고 모든 무릎이 그분 앞에 꿇기 때문에 이루어진다. 지금은 죄로 인해 모든 것이 뒤틀려 있지만 그리스도께서 다시 오시는 날에는 모든 만물이 원래 지어신 뜻대로 새롭게 될 것이다.

불만의 겨울이 가고 찬란한 여름이 도래했도다[2]

시편 98편은 피조물을 바로잡고 재정리하는 일을 가장 두드러지게 그리고 있다.

> 온 땅이여 여호와께 즐거이 소리칠지어다. 소리 내어 즐겁게 노래하며 찬송할지어다.
> 수금으로 여호와를 노래하라. 수금과 음성으로 노래할지어다.

나팔과 호각 소리로 왕이신 여호와 앞에 즐겁게 소리칠지어다.

바다와 거기 충만한 것과 세계와 그중에 거주하는 자는 다 외칠지어다.

여호와 앞에서 큰 물은 박수할지어다. 산악이 함께 즐겁게 노래할지어다.

그가 땅을 심판하러 임하실 것임이로다(4-9절).

온 땅이 즐거워하는 것은 그분께서 땅을 심판하러 임하실 것이기 **때문이다**! 왜 그런가? 그리스도의 초림에서 볼 수 있는 것처럼 그분의 판단은 다른 누구의 판단과도 다르기 때문이다. 완전히 의롭고 선한 그분의 판단은 고통과 악과 불의를 제거해 버린다. 오늘날 우리 죄의 무게, 죄로 인한 사망과 잔혹함으로 온 세상이 탄식하고 있다. 이런 세상에 도래하는 그분의 심판은 해방을 의미한다.

이는 여호수아가 이스라엘 백성을 이끌고 약속의 땅으로 들어갔던 것과 같다. 가나안 족속들의 구역질나도록 끔찍한 타락과 죄악상—거리낌 없이 자녀들을 우상들에게 불태워 제물로 바치는 모습에서 잘 드러난다—으로 인해 그 땅이 거민들을 토해 냈다(레 18:25). 그러므로 여리고 성에서 울려 퍼진 양각나팔은 구원의 심판을 의미했다. 하나님의 백성이 물려받을 수 있도록 더러워진 땅을 치료하기 위해 범법자들을 그곳에서 제거하셔야 했다. 마찬가지로, 우리 예수께서는 자기 백성을 위해 이 땅을 깨끗하게 하기 위해 오신 참된 여호수아시다("예수"라는 헬라어는 히브리어 이름인 여호수아에서 왔다). 피조물이 탄식 가운데 그날을 간절히 기다리는 것이 바로 이 때문이다. 그분의 심판은 한때 선하다고 선언되었던 **피조세계를** 파괴해서 없애

버리는 것이 아니다. 피조세계를 **새롭게** 하기 위해 **악**을 도말하는 것이다. 악과 그 악을 따라 사는 자들에게는 끔찍한 소식이 분명하다. 그러나 그리스도를 영접하여 맞는 자들에게는 기쁘기 그지없는 소식이다.

그리스도께서 하시는 심판이 완전히 선한 것임을 보여주기 위해 성경은 종종 밤을 밀어내는 빛의 이미지를 사용한다. 태초에 하나님께서 빛을 부르신다. 그리고 우리는 "아침이 되고 저녁이 되니"가 아니라 **"저녁이 되고 아침이 되니"**라는 말을 듣는다. 그러므로 각 날은 빛이 어둠을 추격해 패퇴시키는 실체와 관련된 위대한 이야기를 증거한다(오늘날에는 하루를 일몰부터 일몰까지가 아니라 자정부터 자정까지로 여김에 따라 이런 이해를 완전히 잃어버렸다). 그래서 요한은 말씀을 이렇게 묘사했다. "빛이 어둠에 비치되 어둠이 깨닫지 못하더라"(요 1:5).

이 심판은 사실 하나님의 집에서 그리스도 안에 있는 자들과 더불어 이미 시작되었다. 바로 지금 이 빛이 우리의 죄라는 어두운 밤을 몰아내는 일을 시작한다. "어두운 데에 빛이 비치라 말씀하셨던 그 하나님께서 예수 그리스도의 얼굴에 있는 하나님의 영광을 아는 빛을 우리 마음에 비추셨기" 때문이다(고후 4:6). 이 역시 일종의 심판이 분명하다! 그리스도의 빛으로 우리 안에 드리운 사악한 어둠이 쫓겨난다. 그리고 이 모든 심판은 세상의 빛이 모든 어둠을 몰아내는 때인 새 예루살렘의 영원한 여름에 절정을 이룬다. "다시 밤이 없겠고 등불과 햇빛이 쓸데없으니 이는 주 하나님이 그들에게 비치심이

라. 그들이 세세토록 왕 노릇 하리로다"(계 22:5).

어린양이신 유다 지파의 사자

어쩌면 심판하시는 그리스도의 선하심보다 한층 더 예상치 못하게 다가오는 것은 심판하시는 절대적인 권세의 **성격**이다. 요한계시록에서 이 권세를 계속해서 어떻게 표현하는지 생각해 보라. 죽임 당하신 **어린양**이 승리하셨고 심판할 모든 권세를 가지셨다고 말한다. 그분은 온 세상의 심판을 결정하게 될 위대한 운명의 두루마리의 인봉을 떼기에 합당하시고 또 그럴 권세를 가지셨다. "일찍이 죽임을 당하사 각 족속과 방언과 백성과 나라 가운데서 사람들을 피로 사서 하나님께 드리셨기" **때문이다**(계 5:9). 그냥 하는 말이 아니다. 요한은 분명히 우리가 어린양의 능력이 가진 자기를 희생하고 내어주는 본성을 생각하고 거기서 멀어지지 않기를 바란다. 어린양은 **자기를 내어주심**으로 승리하셨다.

　요한계시록에서 사람들이 미혹되어 숭배하는 많은 다른 상징들과 어린양이 대조를 이루는 것을 볼 때 이는 큰 위안이 된다. 용을 예로 들어보자. 용도 어린양과 같이 능력이 있고 왕관을 쓰고 많은 뿔을 가지고 있다. 하지만 용은 어린양과 **달리** 해산하는 여자의 아이를 집어삼키려고 혈안이다(계 12:4). 어린양이 다른 자들을 위해 죽임을 당하시는 것에 반해 용은 다른 사람들을 죽이지 못해 안달이다. 어린양은 생명을 **주시지만** 용은 생명을 **집어삼킨다**. 아니면 많은 모양으

"어린양의 피……로써 그를 이겼으니" (계 12:11)

로 어린양을 모방하는 요한계시록 13장의 짐승들을 생각해 보자. 한 짐승은 "그의 머리 하나가 상하여 죽게 된 것 같더니 그 죽게 되었던 상처가 나았다"(계 13:3). 치명상을 입었지만 살아났다. 어린양의 모습과 매우 흡사하다. 다른 짐승은 대놓고 **"어린양 같고"** **"용처럼 말했다"**고 언급한다(계 13:11). 어린양을 통해 하나님의 능력이 역사하는 것처럼, 용의 능력이 짐승들을 통해 역사한다(계 13:2). 그러나 다시 말하지만 이 두 능력이 얼마나 다르게 드러나는지 모른다. 어린양은 하나님을 위해 말씀하시지만, 짐승들은 하나님을 대적해 말한다. 어린양은 다른 이들에게 생명을 주려고 죽음에서 일어나시지만, 짐승은 생명을 삼키려고 자신의 치명상에서 일어난다. 어린양은 악을 정복하려고 나아가시지만, 짐승은 성도들을 정복하려고 나아간다(계 13:7). 여기서 우리는 권세와 심판에 대해 완전히 상반된 두 가지 접

근법을 본다.

　그리스도가 온 땅의 심판자라는 사실은 마침내 드러나게 될 그분 성품의 불쾌하고 잔인한 측면에 대한 증거가 아니다. 그리스도를 향한 우리의 사랑을 뒤흔들 만한 이유가 아니다. 오히려 정반대다. 온 땅을 뒤흔드는 어린양의 능력은 죄인들의 겸손한 친구의 성품이 갑자기 돌변하는 것을 의미하지 않는다. 오히려 그분의 대의와 성품과 빛이 거둔 **승리**를 나타낸다. 그분의 진리가 거짓을 몰아낼 것이다. 그분의 아름다움은 추함을, 그분의 선함은 악을 몰아낼 것이다. 어린양이 승리하신다.

장자들의 권속

그날에 우리는 마침내 우리 구원의 목적을 이룰 것이다. 그리스도와 함께 있을 것이고 **그분처럼** 될 것이다. 주를 기뻐하던 자들은 마침내 그 마음의 소원을 아낌없이 이룰 것이다.

　지금 우리의 "몸은 그리스도의 지체"요 "성령의 전"이다(고전 6:15, 19). 우리의 몸과 영혼 모두가 신실하신 구원자께 속했다. 이 사실에서 우리는 놀라운 위로를 얻는다. 반면에 우리는 얼마나 타락하고 부족한 성전들인가! 연약하고 부패하며, 혼란스럽고 죄악되다. 물론 우리는 더 이상 죄의 **노예**가 아니다. 하지만 죄는 여전히 우리 주변을 서성인다. 우리가 누리는 기쁨과 자유에 거머리처럼 달라붙어 상처를 내고, 그 기쁨과 자유를 제한한다. 죄는 훔쳐가고, 죽음은 앗

아가며, 우리 몸은 상하고, 악은 억압한다. 이것이 오늘날 우리의 모습이다. 그러나 마침내 **그날**이 오면 죄와 사망과 악의 존재로부터 자유롭게 될 것이다. 지금 그리스도를 닮도록 우리를 온전하고 아름답게 하시는 성령의 역사가 그날에는 완성될 것이다. 그리스도 안에서 택정함을 받고, 부르심을 입고 의롭게 되며 거룩하게 된 우리는 마침내 그분 자신의 영광에 완전히 참여하게 될 것이다.

당신은 그저 오늘날 많은 그리스도인들이 영생에 대해 막연히 갖는 의구심과는 다른, 곧 영원한 삶은 보다 **덜** 인간적이고 **덜** 즐거우며 어찌됐든 차분할 거라는 생각과는 다른 소망의 비전을 가지지 못했던 것뿐이다. 지금뿐 아니라 영원토록 그리스도를 닮아 간다는 것은 **더** 인간이 된다는 것을 말하지 그 반대가 아니다. 하나님의 형상을 따라 지어진 우리는 전혀 움츠러들거나 어긋나거나 뒤틀린 것 없이 하나님이 지으신 복석대로 만개할 것이다.

이 사실은 우리 몸에 대한 소망을 의미한다. 특별히 병들었거나, 지체 장애를 가졌거나, 고통으로 신음하며 살아가는 사람들에게는 참으로 흠모할 만한 소식이다. 그 옛날 욥이 자신이 당하는 모든 고난 가운데 부르짖었던 말과 같다. "내가 알기에는 나의 대속자가 살아 계시니 마침내 그가 땅 위에 서실 것이라. 내 가죽이 벗김을 당한 뒤에도 **나는 육체를 가지고 하나님을 보리라.** 내가 그를 보리니 내 눈으로 그를 보기를 낯선 사람처럼 하지 않을 것이라. 내 마음이 초조하구나"(욥 19:25-27).[3] 그리스도께서 새 생명의 첫 열매로서 무덤에서 실제로 육신과 더불어 부활하신 것처럼, 우리도 그렇게 될 것이다. "그분의 부활과 같은 모양으로 연합한 자"가 될 것이고(롬 6:5), 그분의 몸과 같이 우리 몸도 타락의 결과들로부터 자유롭게 될 것이다. 지금은 여기저기 멍들고 피곤하며 아프고 죽어가는 몸이지만, 그리스도가 나타나실 때는 완전하고 영광스러우며 근사하고도 강하며 불멸하는 몸으로 변화될 것이다. 그리스도의 몸처럼 말이다. "그러나 우리의 시민권은 하늘에 있는지라. 거기로부터 구원하는 자 곧 주 예수 그리스도를 기다리노니 그는 만물을 자기에게 복종하게 하실 수 있는 자의 역사로 우리의 낮은 몸을 **자기 영광의 몸의 형체와 같이** 변하게 하시리라"(빌 3:20-21). 우리의 영혼뿐 아니라 몸까지 구속될 그날에는 **그리스도의** 생명과 통치에, 사망을 이긴 승리에 온전히 참여할 것이다(고전 15:35-58).

이 소망을 상세히 분석하고 살펴보기는 쉽다. 죄와 사망으로부터 자유롭게 되고 우리 몸이 부활하는 것을 볼 수 있다(그리고 이런 일들을 오래, 면밀하게 살펴보는 것은 좋은 일이다). 하지만 그렇기 때문에 오히려 이 소망을 그토록 강렬하고 찬란하게 빛나도록 하는 것이 무엇인지 잃어버리기도 쉽다. 다른 무엇보다 우리의 소망은 그리스도와 **함께** 있는 것이다. 이 소망이 다른 모든 것들을 유익하게 한다. **욥은 하나님을 볼 수 있는** 새롭게 된 육신을 갈망했다. 그리고 우리의 소망은 **그리스도처럼** 되는 것이다. 그분과 같은 아름다운 성품을 입고, 그분과 같이 부활의 영광스런 몸을 입으며, 그분과 같이 성부 앞에 사랑받는 자로 서는 것이다. 그리스도와 더불어 있고 그분처럼 되는 것이 아니라면 그 어떤 영원한 생명과 낙원도 예수를 아는 사람들의 마

세상의 빛

위대한 기쁨의 신학자 조나단 에드워즈는 하나님이 하늘의 별들을 만드신 것은 피조세계를 통해 하나님의 백성인 성도들을 묘사하기 위함이라고 믿었다. 얼핏 들으면 엉뚱하게 들릴지 모르지만 성경에서 별들을 가리키는 말씀을 볼수록 이런 관련성은 에드워즈에게 의미를 더해 갔다. 창세기 15:5에서 하나님은 아브라함을 밖으로 이끌고 나가 이렇게 말씀하신다. "하늘을 우러러 뭇별을 셀 수 있나 보라." 그리고 나서 말씀하신다. "네 자손이 이와 같으리라." 그의 믿음의 자녀들이 하늘의 별과 같이 될 것이라고 하신 것이다. 이는 물론 순전히 아브라함이 받게 될 믿음의 후손들의 수를 가리켜 하신 말씀이다(창 22:17). 그들은 주의 손에 붙들린 셀 수 없이 많은 별들로 드러날 것이고(계 1:16), 하나님은 각각의 이름을 아실 것이다(시 147:4).

이뿐 아니다. 구약성경은 계속해서 별들을 이 땅에 있는 하나님의 백성들로 이루어진 군대에 대응하는 하늘의 군대로 그리고 있다(수 5:14, 삿 5:20). 어둔 창공에서 빛을 발하고 하늘을 가득 채우는 군대 말이다. 바울은 그가 사랑해 마지않는 빌립보 교회 성도들이 "흠이 없고 순전하여 어그러지고 거스르는 세대 가운데서 하나님의 흠 없는 자녀로 세상에서 그들 가운데 빛[별]들로 나타나기를" 바랐다(빌 2:15).

오늘날 우리는 흑암 가운데 있는 빛으로서 겨우 명맥만 유지하며 깜박이거나 맹렬한 빛을 내며 타오른다. 그렇다면 그리스도께서 다시 오실 때는 어떠할 것인가? 다니엘 12장은 말한다.

그때에 네 민족을 호위하는 큰 군주 미가엘이 일어날 것이요 또 환난이 있으리니, 이는 개국 이래로 그때까지 없던 환난일 것이며 그때에 네 백성 중 책에 기록된 모든 자가 구원을 받을 것이라. 땅의 티끌 가운데에서 자는 자 중에서 많은 사람이 깨어나 영생을 받는 자도 있겠고 수치를 당하여서 영원히 부끄러움을 당할 자도 있을 것이며, 지혜 있는 자는 궁창의 빛과 같이 빛날 것이요 많은 사람을 옳은 데로 돌아오게 한 자는 **별과 같이 영원토록** 빛나리라(단 12:1-3).

그날에 우리는 세상의 빛^{the Light}과 같이 되어 마침내 모든 어둠을 뚫는 빛, 사랑과 영광으로 찬란한 생명의 빛으로 솟아날 것이다.

음과 지각을 만족시킬 수 없다. 소망의 실체인 그리스도께 가까이 있을수록 그리스도인의 소망의 모든 부분은 더욱 밝게 빛을 발한다.

만물의 갱신

예수의 재림은 하나님 자녀들의 몸과 영혼을 완전히 영화롭고 아름답게 하는 데 그치지 않는다. 그보다 훨씬 더 많은 일들이 함께 일어난다. "피조물이 고대하는 바는 하나님의 아들들이 나타나는 것이니, 피조물이 허무한 데 굴복하는 것은 자기 뜻이 아니요 오직 굴복하게 하시는 이로 말미암음이라. 그 바라는 것은 **피조물도 썩어짐의 종노릇한 데서 해방되어 하나님의 자녀들의 영광의 자유에 이르는 것이라**"(롬 8:19-21).

그날은 하나님이 능력의 말씀을 보내시고 그로 말미암아 만물이 있게 되었던 태초의 날과 같을 것이다. 다시 한 번 하나님이 자신의 말씀을 보내시고 이 말씀으로 말미암아 온 우주가 완전히 새롭게 될 것이다. 속절없이 흑암으로 내달리던 피조물이 그리스도의 찬란한 영광으로 채워져 하나님의 자녀들이 누리는 자유를 함께 누릴 것이다. 하늘과 땅이 회복되고 소생할 것이다. 만물을 만드시고 단결시키시는 분, 혼돈을 종결짓는 분께서 자신의 손으로 만드신 것들을 고치시고 다시 하나로 묶으실 것이다. 예수께서는 이때를 일컬어 "세상이 새롭게 되어 인자가 자기 영광의 보좌에 앉을 때"라고 하신다(마 19:28). 바울은 이날을 하나님이 "하늘에 있는 것이나 땅에 있는 것이 다 그리스도 안에서 통일되게" 하시는 날이라고 한다(엡 1:10).

"한 머리, 한 다스리는 자 아래서"라는 말은 아담을 생각나게 한다.[4] 하나님이 그에게 "생육하고 번성하여 땅에 충만하라. 땅을 정복하라. 바다의 물고기와 하늘의 새와 땅에 움직이는 모든 생물을 다스리라"고 하셨기 때문이다(창 1:28). 이 첫 사람이 만물을 아우르는 머리로 창조되었다. 만물이 그의 발아래 있었고, 그렇게 만물이 그 앞에 복종함으로 우주적인 평화와 조화가 있었다. 백미러에 비치는 이런 모습과 더불어 다니엘 7장을 보자.

> 내가 또 밤 환상 중에 보니 인자 같은 이가 하늘 구름을 타고 와서 옛적부터 항상 계신 이에게 나아가 그 앞으로 인도되매 그에게 권세와 영광과 나라를 주고 모든 백성과 나라들과 다른 언어를 말하는 모든 자들이 그를 섬기게 하였으니 그의 권세는 소멸되지 아니하는 영원한 권세요 그의 나라는 멸망하지 아니할 것이니라(13-14절).

인자가 하나님의 보좌로 인도되고 만물이 그 권세 아래서 그를 섬기는 모습에서 우리 가슴은 달콤한 우주적 흥분으로 두근거린다. 이것이 무엇을 의미하는지 잘 알기 때문이다. 창세기 1장이 말하는 모든 화평과 조화의 때묻지 않은 순전한 아름다움이 새롭게 피어나기 때문이다. 슬픔에 흐느끼는 소리는 더 이상 들리지 않을 것이고, 사자들이 어린양과 뒹굴고 사막에 장미가 피어나며, 밭 가는 자가 곡식 베는 자의 뒤를 잇고 산들은 단 포도주를 흘릴 것이다. 다시 한 번 사람이—이번에는 옛적부터 항상 계신 이와 화평한 신실한 사람이—낙원을 다스린다. 아담과 달리 인자는 결코 타락하거나 멸망하지 않고 경외심과 예배를 불러일으키는 통치를 한다.

아이작 왓츠 *Isaac Watts* 는 이런 즐거움을 경쾌한 찬송의 고전인 '세상이여 기뻐하라' *Joy to the World* 에 담아낸다.[5]

세상이여 기뻐하라, 주께서 오신다!
온 땅의 백성들아, 왕을 맞으라.
각 사람의 마음마다 그를 맞을 채비를 하고,
하늘과 만물들은 그를 노래하라.

온 땅이여 기뻐하라, 구주가 다스리신다!
사람들아, 노래하라.
땅과 바다와 바위들과 언덕들과 들판들은
다 화답하여라.

죄와 슬픔, 가시와 엉겅퀴는
더 이상 자라지 않는다.
죄의 저주가 미친 곳마다
그의 복을 흘려보내시려 그가 다시 오신다.

죄의 저주가 미치지 않은 곳이 어디 있는가? 창세기 3장을 보면 죄로 인한 저주와 더불어 해산의 엄청난 고통, 결혼생활의 어려움, 고된 노동, 가시와 엉겅퀴로 가득한 땅이 언급된다. 그리스도께서 이런 **모든** 고통 속으로 자신의 복을 흘려보내러 오신다. 인자는 타락을 되돌리려고 아담이 어그러뜨린 **모든** 것을 고치신다.

너무도 탁월한 소망이라 실감이 나지 않는가? 너무 좋아서 믿기지가 않는가? 우리 주변을 둘러보면 전혀 이런 일이 일어날 것 같지 않다. 많은 시간이 흘렀지만 세상은 평화롭거나 더 나아지지도 않았다. 그러나 보이는 세상의 상태에 따라 그리스도인의 확신이 좌지우지되는 것은 아니다. 그리스도인의 확신은 예수로부터 온다. 항상 미쁘신 진리의 하나님이 약속하셨고, "하나님의 약속은 얼마든지 그리스도 안에서 예가 된다"(고후 1:20). 더구나 이 약속은 다른 어느 약속보다 더 확실하다. 새로운 창조가 **이미 시작되었기** 때문이다. 죽음에서 새 생명으로 일으킴을 받으신 그분은 새 생명의 처음 난 자요, 새창조의 첫 열매이자 머리시다. 그분의 부활과 더불어 되돌릴 수 없는 새 창조의 계절이 시작되었다.

낙원의 회복……그리고 더 좋은 낙원

그럼에도 지금까지 표현을 너무 자제했다. 그러느라 "회복", "고침"과 같은 말을 사용했는데, 이 때문에 그리스도께서 다시 오시는 소망이 **단순히** 타락하기 이전 상태의 에덴으로 회복되는 것처럼 보였을수도 있다. 물론 타락하기 이전의 낙원인 에덴으로 회복되는 것만으로도 누구나 흥분을 감추지 못할 것이다. **그러나 예수는 아담보다 더 나은 분이시다.** 아버지 다윗의 때보다 아들인 솔로몬의 때에 이스라엘이 더 많은 영화를 누린 것처럼, 처음 사람이 타락하기 전에 누렸던 것보다 인자의 날에 더 많은 영광을 누릴 것이다. 마지막 아담이 첫째 아담보다 훨씬 더 탁월한 것처럼 그분의 통치 역시 마찬가지다.

아담이 타락하기 전에는 모든 것이 선했다. 완벽하게 선했다. 그러나 아담은 피조물에 불과했을 뿐, 하나님의 참 아들은 아니었다. 타락할 수 있었다. 바울이 "육의 몸"이라고 한 것을 가졌을 뿐이다(고전 15:44). 동산에는 먹지 말아야 할 열매를 맺는 나무가 한 그루 있었다. 뱀의 위협도 있었다. 우리는 그리스도와 더불어 이 동산에서 누릴 수 있는 것보다 훨씬 더 많은 것을 가지고 있다. 하나님의 자녀로 입양되었고, 사랑받으시고 사랑하시는 성자의 생명에 참여한다. 성자는 절대적으로 신실하시다. 지금 성자는 사망을 이긴 영원하고 영화롭게 된 몸으로 계신다. 바울은 이 몸을 "신령한 몸"이라고 한다(고전 15:44). 우리 역시 같은 몸을 갖게 될 것이다. 그가 다시 오실 때에는 위협은 없고 생명나무만 있을 것이다. 그리스도로 말미암아 에덴을 훨씬 뛰어넘는 소망이 우리에게 주어진 것이다.

욥기를 통해 이 소망이 의미하는 것이 무엇인지 엿볼 수 있다. 처음에 욥은 하나님과의 화평을 누리며 수많은 가축을 거느리고 부요하고 윤택한 삶을 살았다. "이 사람은 **동방** 사람 중에 가장 큰 자라"(욥 1:3). 이는 불안하게도 아담이 누리도록 "여호와 하나님이 **동방의** 에덴에 동산을 창설"하신 창세기 2장의 그림과 흡사하다(창

윌리엄 블레이
크William Blake
「욥과 그의 딸들」
(1805)

2:8). 그리고 얼마 후 창세기와 마찬가지로 사탄이 등장한다. 욥은 낙원과 같았던 모든 것을 잃고 만다. 물론 창세기의 그림과 욥기의 모습에는 차이가 많다. 창세기의 이 부분은 죄와 사망의 기원과 관련이 있다. 반면에 욥기는 고난과 관련이 있다. 그러나 이 둘 사이에는 주목할 만한 유사성이 있다. 욥에게 개인적으로 일어난 일이지만 우리는 여기서 모든 인간이 당하는 공통적인 이야기를 대면한다. 목가적이고 전원적인 풍경이 한 순간에 고통의 세계로 변한다.

하지만 이와 더불어 욥기의 결말을 보라(야고보서 5:11은 이 결말을 문자 그대로 "주께서 주신 결말/목적/의도"라고 한다). 여기서 욥이 하나님을 원망하게 하려 했던 사탄의 시도는 실패로 돌아갔고 욥—여호와의 신실한 고난받는 종이라고 묘사된(욥 42:7-8)—의 하나님은 그에게 **"그전 소유보다 갑절이나"** 주셨다(욥 42:10). 욥기가 처음 시작

될 때 욥은 칠천의 양을 거느렸지만 욥기의 마지막은 욥이 일만 사천의 양을 가진 것으로 언급한다. 삼천의 약대가 육천이 되고, 오백 겨리의 소와 오백 마리의 암나귀가 일천 겨리의 소와 일천 마리의 암나귀로 귀결된다. 다른 일곱의 아들과 세 명의 딸(온 지면에서 가장 아름다운 딸들이 된다)을 받음으로 가족도 두 배가 된다. 사람의 일반적인 "연수가 칠십"인 데 반해 욥은 정확하게 그 배인 일백 하고도 사십 년을 산다.

축제와도 같은 욥기의 결말은 사탄이 패배하고 마지막 사람이 자신의 기업을 완성하는 세상 **마지막 날**의 이루 말할 수 없는 부요함이 어떤 것인지 미리 맛보도록 한다. 이날은 모든 것이 갑절이 되는 때, 복 위에 복을 받는 때다. 신명기 21:17에는 **두 몫**의 기업을 받는 장자의 권리가 나온다. 이는 정확히 그리스도와 함께 기업에 참여한 하나님의 자녀들에게 주어진 권리다. 그래서 이사야서에서 여호와의 종은 이렇게 선언한다. "주 여호와의 영이 내게 내리셨으니 이는 여호와께서 내게 기름을 부으사 가난한 자에게 아름다운 소식을 전하게 하려 하심이라. 나를 보내사 마음이 상한 자를 고치며 포로된 자에게 자유를, 갇힌 자에게 놓임을 선포하며……너희가 수치 대신에 **보상을 배나 얻으며** 능욕 대신에 몫으로 말미암아 즐거워할 것이라. 그리하여 그들의 땅에서 **갑절이나 얻고** 영원한 기쁨이 있으리라"(사 61:1, 7).

새 창조의 처음 난 자가 누리는 영원한 즐거움과 그의 기업은 장차 우리가 누릴 기업이기도 하다!

내 뒤에도, 내 앞에도 계신 그리스도

하나님의 자녀인 우리는 첫 열매가 품고 있는 씨와 같이 그리스도로 둘러싸여 완벽하게—과거와 현재와 미래를—보호받는 자신을 발견하고 즐거워한다.

과거: 그리스도와 함께 죽은 우리는 과거에서 자신의 실패가 아닌 그리스도만을 본다. 실패가 아니라 그리스도가 우리의 과거다.

현재: 그리스도와 연합한 우리는 이제 기쁨이 넘치는 그분의 생명에 참여하고 그분과 더불어 하나님 앞에 선다. 우리는 성령으로 충만하여 더욱 그분을 닮아 간다.

미래: 만유의 재판장이 우리의 미쁘신 구원자시다. 또한 그분께서 나타나시면 우리는 그분과 함께 거하고 그분처럼 되며 그분과 함께 후사가 될 것이다.

"그런즉 이 일에 대하여 우리가 무슨 말 하리요. 만일 하나님이 우리를 위하시면 누가 우리를 대적하리요.……내가 확신하노니 사망이나 생명이나 천사들이나 권세자들이나 현재 일이나 장래 일이나 능력이나 높음이나 깊음이나 다른 어떤 피조물이라도 우리를 우리 주 그리스도 예수 안에 있는 하나님의 사랑에서 끊을 수 없으리라"(롬 8:31, 38-39).

주 예수여, 오시옵소서!

결론: 천하 사람 중에 다른 이름을 주신 일이 없음이라

복음을 통해 가장 크게 누리는 것은 무엇인가? 그리스도의 피로 죄책이 사라진 것, 값없이 받아 누리는 구원, 새 창조의 소망, 사망을 이기고 모든 눈물이 사라지는 것 등 많은 대답을 할 수 있을 것이다. 하나하나가 이루 말할 수 없을 만큼 소중하고, 모두 틀림없는 사실이다. 그러나 사도 바울은 복음이 가져다주는 모든 위대한 복 가운데 어느 것 하나도 사소하게 만들지 않으면서 그 모든 것 위에 탁월하게 드러나고 모든 것에 가장 우선하는, 모든 복락의 원천이 되는 심오한 보화를 말한다. 바울은 자신이 전하는 메시지를 "**그리스도의 영광**의 복음"이라고 말한다(고후 4:4). 바울에게 이보다 앞선 것은 없었다. 용서도 칭의도 먼저 올 수 없었다. 용서받고 의롭게 되는 이유가 무엇인가? 단순히 용서받고 천국에서 의롭게 살아가기 위한 것인가? 아니다. 우리가 용서받는 것은 **그리스도를 알고 누리기 위함**이다. 그리스도를 아는 것만이 유일하고 참된 생명이다.

이에 대해 바울이 하는 말을 들어보자. 바울은 "그리스도의 **영광**의 복음"에 대해 썼다. 성령께서는 복음을 통해 우리 눈을 열어 그리스도가 단순히 **진리**이실 뿐만 아니라 그 이상이라는 것을 보게 하신다. 그리스도는 **영화로우신** 분이다. 존귀하고 매력적이며, 우리의 마음을 사로잡고 만족시키시는, 기쁨을 주시는 분이다. 기쁨은 항상 아름다움을 마주할 때 찾아오고, 그리스도 안에서는 최상의 아름다움이 발견된다. 우리는 "그리스도의 얼굴에 있는 **하나님의** 영광"을 본다(고후 4:6). 그러므로 그리스도는 우리의 가장 귀한 보화다. 성부께서 우리와 함께 나누신 보화다. 그리스도와 떨어져 무언가를 생각하거나 다른 데로 나아갈 수는 없다.

　　우리는 그리스도를 다른 것과 **혼동**할 수 없다. 예수를 더욱 바라볼수록 그분은 더욱 영광스러운 분, 다른 어떤 것과도 **비교할 수 없는** 분임을 알게 된다. 예수께서 친히 말씀하셨다. "내가 곧 길이요 진리요 생명이니 나로 말미암지 않고는 아버지께로 올 자가 없느니라"(요 14:6). 불필요하게 편협하고 잘난 체하는 것처럼 들릴지 모르지만 우리가 반드시 알아야 할 것이 있다. 그리스도께서 주시는 것을 줄 자가 아무도 없다는 사실이다. 극락이나 열반을 약속하는 종교들이 있다. 하지만 그리스도께서는 **자기 자신**을 주신다. 자신의 아들됨, 성부 앞에 있는 자신의 생명을 주신다. 만약 복음이 하나님 자신이 아니라 어떤 **것**을 나누시는 하나님에 관한 내용이라면, 예수의 말씀은 마치 파벌을 조장하는 말처럼 들릴 것이다. 왜 다른 종교는 **그것**을 줄 수 없단 말인가? 그러나 그리스도께서 가져다주시는 복은 바로 자기 자신과 자신의 생명이기 때문에 그런 그리스도를 여느 종교적인 노점상에서 얻을 수 있는 것 정도로 치부하는 것은 터무니없는 일이다. 다른 종교들도 "하나님"이나 "구원"을 제시할 수는 있을 것이다. 그러나 예수를 제시하지 않는다면 그것은 복음이 아니다. 오직 예수를 제시할 때라야 복음을 제공하는 것이다.

그리스도는 천국으로 인도하는 여러 길들 가운데 하나가 아니다. 또한 그리스도인에게 그리스도는 다른 여러 주제들 가운데 하나가 아니다. 그리스도인의 삶과 신학은 우리의 구원자와 목적이 되시는 예수 그리스도와 더불어 시작하고, 그분과 더불어 완성된다. 존 칼빈이 하는 달콤한 말을 들어보자.

우리는 전체 구원과 구원의 모든 부분이 그리스도 안에 있음을 안다(행 4:12). 그러므로 구원의 가장 미미한 부분이라도 그리스도가 아닌 다른 데서 구하려고 해서는 안 된다. 구원을 추구한다면, 예수라는 이름 자체가 구원이 "그에게서" 옴을 가르쳐 준다(고전 1:30). 성령의 다른 은사는 그분께서 기름부음을 받으신 데서 찾을 수 있을 것이다. 권세는 그의 통치에서, 순결은 그의 잉태에서, 온유함은 그의 출생에서 나타난다. 그리스도께서 육신을 입고 출생하심으로 모든 부분에서 우리처럼 되셨다(히 2:17). 우리의 고통을 느낄 수 있게 되셨다(히 5:2 참조). 우리의 구속은 그분의 고난에, 사죄는 그분께서 정죄받으신 데에, 저주를 벗어버리는 것은 그분의 십자가에 있다(갈 3:13). 죗값을 치르는 일은 그분의 희생에서, 정결은 그분의 피에서 찾을 수 있다. 그분께서 지옥에 내려가심으로 우리가 화평을 얻고 그분의 장사되심으로 죄 죽임을, 그분의 부활로 새 생명을 얻는다. 영생 역시 그분의 부활에서 찾을 수 있다. 신자가 천국을 유업으로 얻도록 그리스도께서 하늘로 들려 올라가셨다. 신자들이 이 땅에서 안전하게 보호받고 모든 복을 풍성히 누리도록 그분의 나라가 임했다. 그런 그리스도가 재판장이시기에 우리는 안심하고 심판을 기다릴 수 있다. 한마디로, 그리스도 안에는 이처럼 모든 선한 것들이 풍성하게 예비되어 있기 때문에, 다른 데로 갈 필요가 없다. 이 샘에서 마음껏 마시자.[1]

참으로 그렇다. 아멘이다! 온갖 선한 것들이 그리스도 안에 풍성히 있다. 다른 데로 가지 말고 이 샘에서 마음껏 마시자.

주

들어가며: 기독교는 그리스도다

1. John Calvin, *Commentary on Colossians 1:12*(Edinburgh: Calvin Translation Society, 1844 – 56; repr. Grand Rapids, MI: Baker, 1993).

2. Andrew Bonar, *Memoir and Remains of the Rev. Robert Murray M'Cheyne*(Edinburgh: William Oliphant and Co., 1864), p. 257.

1 | 태초에

1. Thomas F. Torrance, "The Christ Who Loves Us", in *A Passion for Christ: The Vision That Ignites Ministry*(Eugene, OR: Wipf & Stock, 2010), p. 17.

2. *The Complete Works of Stephen Charnock*(Edinburgh: James Nichol, 1865), 4:91

3. *Works of Stephen Charnock*, 4:163.

4. *Luther's Large Catechism*(St Louis, MO: Concordia, 1978), p. 77.

5. *The Works of Richard Sibbes*(Edinburgh: James Nichol, 1862–4), 2:230.

6. P. G. Wodehouse, *Summer Lightning*(London: Herbert Jenkins, 1929), p. 7.

7. Athanasius, *Against the Arians*, 3.67. 강조는 리브스의 것.

8. 이 책 전체의 성경 인용구절에 있는 모든 강조는 리브스가 한 것이다.

9. Samuel Rutherford to Lady Kenmure, 22 November 1636, *Letters of Samuel Rutherford*(Edinburgh: Banner of Truth Trust, 1973), p. 43. (『새뮤얼 러더퍼드 서한집』 크리스챤다이제스트)

10. Michael Reeves, *The Good God: Enjoying Father, Son and Spirit*(Milton Keynes: Paternoster, 2012), p. xiv. 강조는 리브스의 것. (『선하신 하나님』 복 있는 사람)

11. "들어가며"를 보라. 강조는 리브스의 것.

12. Dante, *Paradiso* 33.145.─옮긴이.

13. *The Works of Jonathan Edwards* (New Haven and London: Yale University Press, 1957 - 2008), 25:187.

14. *Works of Jonathan Edwards*, 11:152.

15. *Works of Jonathan Edwards*, 11:64.

16. *Works of Jonathan Edwards*, 11:93.

17. *Luther's Works* (St Louis, MO: Concordia, 1957 - 86), 1:74.

18. *The Writings of John Bradford* (Cambridge: CUP, 1848), 1:230 - 242.

19. C. S. Lewis, *Reflections on the Psalms* (London: Bles, 1958), p. 32. (『시편사색』 홍성사)

20. Lewis, *Reflections on the Psalms*, p. 89. (『시편사색』 홍성사)

21. G. K. Chesterton, *The Everlasting Man* (London: Hodder&Stoughton, 1925), p. 248.

22. John Calvin, *Commentary on John 5:23* (Edinburgh: Calvin Translation Society, 1844-56; repr. Grand Rapids, MI: Baker, 1993). 또한 *Institutes of the Christian Religion* (trans. F. L. Battles; Philadelphia: Westminster, 1960), 2.6.2 - 3; 또한 4.8.5를 보라. (『칼빈 주석: 요한복음』, 『기독교 강요』 크리스챤다이제스트)

23. Edwards, *Works of Jonathan Edwards*, 9:197-198.

2 | 보라, 이 사람이로다!

1. John Calvin, *Commentary on Genesis 2:21* (Edinburgh: Calvin Translation Society, 1844-56; repr. Grand Rapids, MI: Baker, 1993).

2. Matthew Henry, *Commentary on Genesis 2:21* (1706). (『창세기: 메튜 헨리 주석』 크리스챤다이제스트)

3. *Luther's Works* (St Louis, MO: Concordia, 1957-86), 35:119. 강조는 리브스의 것.

4. Gregory of Nazianzus, Epistle 101, *Nicene and Post-Nicene Fathers*, 2nd series, 7:438.

5. Theodore of Mopsuestia, *On the Incarnation*, 2.291.

6. 원서에는 6절로 되어 있으나 실제로는 8절이다─편집자.

7. 원서에는 Hemminsen이라고 표기되어 있으나 이 사람은 덴마크의 루터교 신학자 Hemmingsen을 말한다─편집자.

8. Robert Law, *The Emotions of Jesus* (New York: Charles Scribner's Sons, 1915), pp. 4-5.

3 | 저리로서 다시 오실 그리스도

1. *The Works of Richard Sibbes* (Edinburgh: James Nichol, 1862-4), 2:231.
2. Thomas F. Torrance, *Incarnation: The Person and Life of Christ* (ed. Robert T. Walker; Downers Grove, IL: IVP, 2008), p. 150.
3. To Jerome Weller, July 1530, in *Luther: Letters of Spiritual Counsel*, Library of Christian Classics (ed. T.G. Tappert; Vancouver: Regent College, 2003), pp. 86-87.
4. Letter to Christopher Tolkein in *The Letters of J.R.R. Tolkien* (ed. Christopher Tolkien and Humphrey Carpenter; London: Allen & Unwin, 1981), Letter 89. 강조는 리브스의 것.
5. G. K. Chesterton, *The Everlasting Man* (San Francisco: Ignatius, 1993), p. 213.
6. John Calvin, *Institutes of the Christian Religion* (trans. F. L. Battles; Philadelphia: Westminster, 1960), 3.11.23. (『기독교 강요』 크리스챤다이제스트)
7. _____, *Institutes*, 3.11.10. (『기독교 강요』 크리스챤다이제스트)
8. Edward Fisher, *The Marrow of Modern Divinity* (Ross-shire: Christian Focus, 2009), p. 166.
9. *Works of Richard Sibbes*, 2:147.
10. 원서에는 4절이라고 되어 있으나 실제로는 6절이다─편집자.
11. *The Works of John Owen* (24 vols; ed. William H. Goold, 1850-55; republished Edinburgh: Banner of Truth, 1965-91), 1:238.
12. Gerrit Scott Dawson, *Jesus Ascended* (London and New York: T&T Clark, 2004), p. 7.
13. G. F. Barbour, *The Life of Alexander Whyte* (London: Hodder & Stoughton, 1925), p. 82; P. T. Forsyth, *The Principle of Authority* (London: Independent Press, 1913), p. 273.
14. *The Works of Thomas Goodwin* (Edinburgh: James Nichol, 1861-1866), 4:149.
15. *Works of Thomas Goodwin*, 4:87.
16. *Works of Thomas Goodwin*, 2:lxxiv-lxxv.

4 | 그리스도 안에서 사는 삶

1. John Calvin, *Commentary on 1 Corinthians 1:9*(Edinburgh: Calvin Translation Society, 1844-56; repr. Grand Rapids, MI: Baker, 1993).

2. John Calvin, *Commentary on John 6:26*(Edinburgh: Calvin Translation Society, 1844-56; repr. Grand Rapids, MI: Baker, 1993). (『칼빈 주석: 요한복음』 크리스챤다이제스트)

3. *Luther's Works*(St Louis, MO: Concordia, 1957-86), 31:298.

4. *The Works of Richard Sibbes*(Edinburgh: James Nichol, 1862-4), 2:34. 강조는 리브스의 것.

5. John Calvin, *Institutes of the Christian Religion*(trans. F. L. Battles; Philadelphia: Westminster, 1960), 1.1.2. (『기독교 강요』 크리스챤다이제스트)

6. Charles Spurgeon, *Christ's Glorious Achievements*(Edinburgh and Carlisle, PA: Banner of Truth, 2014), pp. 94-95. 강조는 리브스의 것.

7. *The Works of John Owen*(24 vols; ed. William H. Goold, 1850-55; republished Edinburgh: Banner of Truth, 1965-1991), 1:395.

5 | 주 예수여, 오시옵소서!

1. 하이델베르크 요리문답 52문. 강조는 리브스의 것.

2. 셰익스피어 작 『리처드 3세』(The Life And Death of King Richard The Third)의 도입문—옮긴이.

3. 원래 개역개정판 성경은 26절이 "내가 육체 밖에서 하나님을 보리라"로 되어 있으나, 저자가 사용한 NIV 성경에는 이 부분이 "in my flesh I will see God"으로 되어 있어서 일부 문구를 수정하였다—편집자.

4. 저자는 이 대목에서 1984년판 NIV 성경을 인용한다. 대부분의 영어 성경 가운데 1984년판 NIV 성경만 에베소서 1:10에서 "한 머리(under one head)"를 언급한다—옮긴이.

5. 크리스마스를 위한 대표적인 찬송으로 불리는 이 노래는 사실 그리스도의 초림이 아닌 재림의 환희를 노래한 것이다—옮긴이.

결론: 천하 사람 중에 다른 이름을 주신 일이 없음이라

1. John Calvin, *Institutes of the Christian Religion* (trans. F. L. Battles; Philadelphia: Westminster, 1960), 2.16.19. (『기독교 강요』 크리스챤다이제스트)